C'est fini !

Catalogage avant publication de Bibliothèque et Archives nationales du Québec et Bibliothèque et Archives Canada

Talbot, Robert W.

C'est fini! : cessez de fumer pour toujours grâce à une méthode 100% naturelle, scientifique, éthique, efficace et accessible

ISBN 978-2-89436-271-6

1. Tabagisme - Traitement - Méthodes. I. Titre.

RC567.T32 2010 616.86'506 C2010-941840-9

Nous reconnaissons l'aide financière du gouvernement du Canada par l'entremise du Programme d'aide au développement de l'industrie de l'édition (PADIÉ) pour nos activités d'édition.

Nous remercions la Société de développement des entreprises culturelles du Québec (SODEC) pour son appui à notre programme de publication.

ISBN 2-9804825-0-1 pour l'édition précédente publié par l'auteur.

Nous remercions la Dr France Paradis du Centre de Santé Publique de la région de Québec pour son apport particulier dans la correction et la révision du premier document.

Marque Déposée ; OMPI, Organisation Mondiale de la Propriété Intellectuelle, Genève.

Les redevances de droit d'auteur sont versées à des organismes sans but lucratif.

Le Dr Birkui est membre d'Associations Françaises en prévention tabagique envers les adolescents ainsi que pour l'aide au sevrage tabagique à Paris.

Infographie de la couverture: Marjorie Patry
Mise en pages : Marjorie Patry

Éditeur : Les Éditions Le Dauphin Blanc inc.
6655, boulevard Pierre-Bertrand, local 133
Québec (Québec) G2K 1M1 CANADA
Tél. : 418 845-4045 Téléc. : 418 845-1933
Courriel : dauphin@mediom.qc.ca
Site Web : www.dauphinblanc.com

ISBN : 978-2-89436-271-6

Dépôt légal : 4e trimestre 2010
Bibliothèque nationale du Québec
Bibliothèque nationale du Canada

Imprimé au Canada

Dans le présent document, nous utilisons le générique masculin sans discrimination, uniquement dans le but d'alléger la lecture du texte.

Limite de responsabilité

L'auteur et l'éditeur ne revendiquent ni ne garantissent l'exactitude, le caractère applicable et approprié ou l'exhaustivité du contenu de ce programme. Ils déclinent toute responsabilité, expresse ou implicite, quelle qu'elle soit.

Robert W. Talbot, Ph. D.

C'est fini !

Cessez de fumer pour toujours grâce à une méthode 100% naturelle, scientifique éthique, efficace et accessible

Avec la collaboration de :

Murielle Bauchet, M.Sc.E, consultante en santé publique

Dr Pierre Birkui, cardiologue et tabacologue

Dr Pierre Delmotte, gériatre

Dr Valérie Foussier, endocrinologue

Dr Sylvie Grosjean Rasmusson, spécialiste en médecines alternatives

Dr Patrick Lespinasse, pharmacien, praticien hospitalier

Dr Christian Pradier, gériatre, professeur de santé publique

Le Dauphin Blanc

« C'est une folie de croire
qu'en utilisant les mêmes méthodes
on obtiendra un résultat différent »

Albert Einstein

Table des matières

Saviez-vous que.. 9

Instructions pour la méthode « **C'est fini!** » 11

Avant de commencer.. 13

JOUR 21.. 19

JOUR 20.. 22

JOUR 19.. 24

JOUR 18.. 28

JOUR 17.. 30

JOUR 16.. 33

JOUR 15.. 36

JOUR 14.. 44

JOUR 13.. 47

JOUR 12.. 50

JOUR 11.. 52

JOUR 10.. 54

JOUR 9.. 56

JOUR 8.. 59

JOUR 7.. 64

JOUR 6.. 68

JOUR 5 71

JOUR 4 74

JOUR 3 89

JOUR 2 91

JOUR 1 94

JOUR 0 97

Saviez-vous que.................... 105

Lettre à un(e) ami(e) aidant(e) 109

À propos de l'auteur 111

Abrégés du parcours de l'auteur et des collaborateurs.................... 112

Saviez-vous que ...

Si vous considérez les économies réalisées à ne plus fumer, « **C'est fini!** » ne vous coûtera rien et vous permettra d'accumuler des économies substantielles.

Informez-vous auprès de votre compagnie d'assurance. Souvent, un an après que vous ayez cessé de fumer, la prime aux ex-fumeurs diminue de façon significative. Cette baisse peut varier de 10% à 40% selon les compagnies d'assurance. Certaines compagnies d'assurance offrent des conditions analogues pour des primes collectives si le groupe auquel vous appartenez a augmenté son nombre d'ex-fumeurs de façon significative.

Au 16e jour, nous vous invitons à ouvrir un compte bancaire réservé uniquement à y déposer l'argent qui serait parti en fumée si vous aviez continué à fumer. Faites aujourd'hui le choix de votre propre banque. Lorsque vous vous présenterez à cette banque, choisissez un compte d'épargne (livret A par exemple en France) pour y déposer l'équivalent en argent de ce que vous fumez chaque semaine, **sans retrait possible avant un an.** Vous constaterez alors quelle SURPRISE vous attend dans un an ! Et vous réaliserez par la même occasion quel serait le prix à payer si jamais vous recommenciez à fumer. De plus, le processus « **C'est fini!** » peut être appliqué à l'atteinte d'autres objectifs personnels. Vous êtes GAGNANT sur tous les plans avec « **C'est fini!** ».

Instructions pour la méthode « C'est fini! »

1. Commencez par lire les premières pages incluant le jour 21.
2. Suivez les instructions au jour le jour, un jour à la fois, tel qu'indiqué dans le livre.
3. Collez les étiquettes de 21 à 0 chaque jour sur votre paquet de cigarettes.
4. Faites tous les exercices complètement. C'est votre meilleure garantie de succès.
5. Au jour 0, suivez **scrupuleusement** les instructions données.
6. Dans les prochains jours, prévoyez l'achat de pastilles **sans sucre** et **sans nicotine,** sans produit créant une nouvelle dépendance, que vous pourrez prendre au besoin lors des premiers jours de sevrage. Faites-vous conseiller par votre pharmacien. Le critère de choix est que les pastilles doivent fondre lentement dans la bouche. Les pastilles à base de gomme de sapin sont recommandées. La méthode « **C'est fini!** » utilise la pastille « SAPINO » ainsi que l'inhalateur « SAPINO », deux produits 100 % naturels, sans effets secondaires négatifs et sans risque de créer une nouvelle dépendance, « www.sapino.com ». Ils donnent un résultat supérieur à la gomme avec nicotine ainsi qu'au timbre avec nicotine. Si vous ne réussissez pas à vous procurer les produits SAPINO, les produits Ricola ou l'équivalent sans sucre peuvent aussi être une aide temporaire.

7. Procurez-vous un inhalateur ou une mini bouteille d'huile naturelle de pin, de sapin baumier, d'eucalyptus ou de cèdre. Vous trouverez ces produits dans les pharmacies ou dans les boutiques de produits naturels.
8. Besoin d'aide? Préparez une lettre à un ami.
9. Dès le jour 0, jour de sevrage, collez chaque jour les étiquettes « A à R » que vous trouverez à la fin du livre.
10. Appliquez la technique de relaxation que vous pouvez vous procurer à l'adresse internet « www.livre-yes-no.com/p/relax.html ».

Avant de commencer...

Quelques lignes dans le but de mieux comprendre la démarche de « **C'est fini!** » :

Vous êtes peut-être de ces gens qui ont essayé de cesser de fumer avec des produits à base de nicotine ou des antidépresseurs tels Zyban ou Champix. Le jour du sevrage, vous faites appel à ces aides en pensant prendre le meilleur chemin, le chemin le plus court, avec le moins d'efforts possibles! Puis vous réalisez que vous vous êtes habitué à ce produit, à tel point que vous en êtes devenu dépendant. Cette voie vous a coûté cher, en argent et en santé parfois! Elle continue à vous coûter cher pour vous apprendre à vous libérer de cette nouvelle addiction légalisée. Il suffit de procéder à une analyse des effets secondaires de ces produits en faisant une recherche sur l'Internet pour comprendre qu'on ne peut dire d'un produit qu'il est efficace pour vaincre une addiction s'il crée une nouvelle accoutumance.

« **C'est fini!** » est une méthode naturelle sans artifice qui a subi les tests et qui donne des résultats supérieurs aux produits existants sur le marché pour quiconque l'applique avec attention et respect des consignes. Pourquoi? Tout simplement parce qu'elle vous démontre dans un premier temps que toute habitude acquise consciemment (surtout après l'âge de 10 ans) est une habitude « programmée » dans notre cerveau en grande partie parce qu'on a accepté au départ de « la programmer ainsi ».

Dans le cas de votre première cigarette, personne ne vous a obligé à fumer cette première cigarette. Vous l'avez fait par vous-même pour de multiples raisons, parmi lesquelles on retrouve la pression exercée par le groupe d'amis, la publicité qui finit par nous convaincre, le modèle des parents ou tout simplement pour essayer et se donner une « contenance psychologique » (béquille psychologique). Bref, les raisons sont différentes pour chacun d'entre vous, mais elles ont toutes à la base un dénominateur commun : **vous avez consenti librement à fumer**.

Puis, arrive le jour où on veut cesser de fumer. C'est alors que le jeu devient moins amusant. Je le sais que trop bien. J'ai essayé et réessayé de cesser de fumer jusqu'à ce que je mette cette méthode au point en me basant sur des données scientifiques. Est née alors une méthode scientifique 100% naturelle, sans effets secondaires, donnant par surcroît des résultats supérieurs à tout produit existant sur le marché. Nous autorisons tous les chercheurs qui le désirent à en faire l'évaluation.

Cette méthode est basée sur les sciences du comportement. Les principales sciences qui entrent dans ce groupe sont : la psychologie individuelle et de groupe, la psychiatrie, la communication interpersonnelle et intrapersonnelle, le marketing social et la publicité sociale et commerciale, les sciences de l'éducation et de l'*andragogie* (formation des adultes), la neuropsychologie et plusieurs autres, en terminant par la *psychocybernétique*.

Lorsque le Dr Maxwell Maltz a découvert la *psychocybernétique*, il a ouvert une fenêtre exceptionnelle sur la façon dont l'être humain autoprogrammait son cerveau. Il nous a dévoilé les premiers secrets de l'influence de « l'image de soi » dans la construction de nos comportements ainsi que des raisons pour lesquelles on en arrive à l'échec ou au succès dans nos décisions ou nos opérations. Il découvre alors que pour faire passer une décision du niveau conscient au niveau subconscient, un délai de 17 à 21 jours s'avère important et que pendant ces 21 jours, il est essentiel que la personne se visualise dans le nouveau comportement souhaité.

Le Dr Maltz n'avait toutefois pas prévu appliquer cela au tabagisme ni à des changements de comportements pour les personnes qui sont aux prises avec une accoutumance ou une addiction liée à l'alcool ou à la drogue. C'est alors qu'en 1970, j'ai commencé l'étude et l'analyse du fonctionnement de notre cerveau en action par le truchement de la *psychocybernétique*. Puis, j'ai décidé de l'appliquer à moi-même en utilisant le processus pour cesser de fumer. Les résultats furent éloquents pour moi et des milliers d'autres personnes par la suite.

Cet ensemble des sciences du comportement auquel la méthode fait appel est relativement simple. Dès l'instant où vous décidez de prendre les moyens pour cesser de fumer, vous mettez en place par vous-même, en toute connaissance de cause, des mécanismes qui vont vous aider à reprogrammer votre cerveau dans le but de l'amener à respecter la décision prise de cesser de fumer. Ces mécanismes prennent en compte deux points importants :

1. Votre liberté intérieure. Il appartient à vous seul de décider de cesser de fumer et de ne pas plonger dans une nouvelle dépendance coûteuse en argent et en dommages pour la santé à la suite de la prise de médicaments qui ont si peu à voir avec la nécessité de se **déprogrammer** pour cesser de fumer.

2. Vous le faites en toute connaissance de cause. C'est **vous** qui agissez sur **vous-même**. Consciemment, vous suivez ce programme et vous constatez qu'il n'y a **aucun** subterfuge en arrière-plan. Il est clair et transparent, sans effets secondaires négatifs. Il n'apporte que des effets secondaires positifs. Bientôt, vous constaterez que

vous pourrez utiliser ce programme pour vous aider à atteindre d'autres objectifs personnels, et cela, sans frais supplémentaires!

Chacun des exercices contribue à atteindre le but poursuivi.

À titre d'exemple, deux des exercices proposés visent à briser ce qu'on nomme en psychologie ou en psychiatrie : la « dissonance cognitive ». Qu'est-ce que la dissonance cognitive? Ce sont deux mots ronflants que vous appliquez pourtant tous les jours comme fumeur ou comme conducteur d'automobile.

La dissonance cognitive est cette façon de penser typique des fumeurs : les dommages causés par la cigarette, « c'est pour les autres »... tant et aussi longtemps que la maladie causée par la cigarette ne nous a pas atteint. On est conscient des risques, mais on les prend quand même parce que ce niveau de conscience n'est pas rendu assez élevé, assez éveillé pour nous amener à prendre la décision finale.

La dissonance cognitive peut être positive ou négative. Dans l'exemple précédent, elle est négative car une personne ne peut fumer indéfiniment sans se retrouver, au cours de sa vie, avec une maladie liée à la fumée du tabac. Le tabac n'est pas une nécessité dans notre vie. On ne vient pas au monde en fumant. C'est une habitude acquise. Les signes peuvent être bénins et constituer des avertissements (grippes ou rhumes plus fréquents, expectorations, mauvaise haleine persistante, etc.). Ils peuvent aussi s'avérer sévères : emphysème pulmonaire, cancer, infarctus, etc. Nier que fumer est un handicap à son capital santé devient alors un clou ajouté à son propre cercueil (dissonance cognitive négative). Nous savons tous que cesser de fumer prolonge en moyenne la vie d'une dizaine d'années. Les résultats d'études scientifiques le démontrent.

Mais pour nous, ce qui compte, ce ne sont pas seulement les années que l'on peut ajouter : c'est aussi la qualité de vie au cours de ces années.

La dissonance cognitive positive est facile à illustrer : lorsque vous prenez votre auto le matin pour aller travailler, vous êtes conscient qu'il y a des risques d'accident pour tous les automobilistes. Certains de ces accidents sont mortels. Mais heureusement, votre dissonance cognitive vous permet d'aller de l'avant. Vous pensez que les accidents sont pour les autres, surtout si vous appliquez toutes les mesures de sécurité. Si vous aviez la certitude d'avoir un accident, vous ne quitteriez certainement pas votre maison. Si cette dissonance cognitive était démesurée, plus personne ne voudrait voyager sur nos routes.

Chaque exercice dans cette méthode est structuré de façon à engendrer chez vous un effet désirable à court et à long terme, sans altérer votre personnalité ou sans risque d'altérer votre santé.

En appliquant chacun de ces exercices, vous augmentez de façon significative les chances de réussite. Il s'agit d'une des décisions les plus importantes de votre vie : elle porte sur **votre** santé, non celle des autres.

Avec « **C'est fini!** », vous n'avez rien à perdre et tout à gagner.

Bon cheminement

Robert W. Talbot

Jour 21

AUJOURD'HUI...

Félicitations pour votre décision!

Certaines personnes croient pouvoir cesser de fumer SANS FAIRE LE MOINDRE EFFORT en utilisant des succédanés à la nicotine ou des antidépresseurs! Les efforts qu'ils veulent ainsi s'épargner vont leur coûter cher par la suite, car ils devront souvent redoubler d'efforts pour se départir de leur nouvelle accoutumance : addiction au médicament à base de nicotine ou à l'antidépresseur prescrit par le médecin.

Aujourd'hui, par les sciences du comportement, on sait qu'une habitude acquise, programmée consciemment dans notre cerveau, comme le tabagisme, est une habitude qu'on peut « déprogrammer » par soi-même et avec l'aide d'outils naturels appropriés.

En utilisant « **C'est fini!** » pour cesser de fumer, l'impossible devient possible. Il suffit, pendant 21 jours, de faire les exercices tels qu'ils sont décrits. Durant cette période,vous pouvez continuer à fumer si vous le voulez. Si vous décidez de cesser de fumer avant le jour 0, nous recommandons de continuer à faire les exercices comme si vous aviez continué à fumer, dans le but de renforcer les réflexes cognitifs ainsi que la mise en place des renforcements au niveau du subconscient.

« **C'est fini!** » est l'outil le plus perfectionné et performant pour vous aider à cesser de fumer. Cette méthode a été validée scientifiquement. Les résultats sont disponibles sur le site « www.livre-yes-no.com. » « **C'est fini!** » est le fruit d'une équipe de spécialistes qui ont pensé et repensé la méthode dans le but de lui assurer le succès. « **C'est fini!** » est 100 % naturel, sans risque d'effets secondaires néfastes pour votre santé, et, surtout, sans risque de développer une dépendance à un produit pharmaceutique.

Une formation est aussi disponible. Cette formation constitue un élément complémentaire pour renforcer votre décision. Elle se présente sous la forme de deux rencontres d'environ deux heures chacune à un intervalle de 21 jours : une première rencontre pour apprendre à mieux utiliser la méthode ainsi que pour mieux se motiver et une deuxième rencontre correspondant au 21ième jour, jour du sevrage tabagique.

Qu'importe votre choix, « **C'est fini!** » a été conçu pour être un outil fiable, efficace et peu coûteux pour vous aider à cesser de fumer, à vous redonner une santé physique, physiologique, psychologique et à abandonner définitivement la béquille de la dépendance.

Toute personne qui suit cette méthode à 100 % a toutes les chances de ne plus recommencer à fumer. Nous vous invitons à ne rien négliger ni rien omettre. Cette méthode repose sur plus de 1000 données scientifiques auxquelles vous avez accès sur le site « www.livre-yes-no.com ».

Lire et suivre pas à pas les instructions un seul jour à la fois.

J'apprend à vivre un jour à la fois de la même manière qu'un alpiniste conçoit sa victoire sur la montagne : un seul pas à la fois.

Je ne peux rien changer aux jours précédents.

Je peux décider de changer dès aujourd'hui le cours de ma vie. J'en cultive les moyens.

Demain, si incertain soit-il, sera conditionné par les décisions que je prends aujourd'hui.

Je me lève le matin en sachant que je vivrai le premier jour de tout ce qu'il me reste à vivre. Prendre AUJOURD'HUI la décision de cesser de fumer peut permettre d'ajouter « statistiquement » des années à ma vie. Mais scientifiquement, cela permet surtout d'ajouter de la QUALITÉ DE VIE aux années que j'aurai à vivre : haleine, endurance, fierté développée pour soi-même et vis-à-vis les autres, etc.

Bref, j'apprends à m'occuper du lendemain sans m'en préoccuper.

AUJOURD'HUI :

Aujourd'hui, c'est votre premier jour, le jour 21. Vous prenez connaissance de votre livre. Vous le parcourez si vous le voulez. Mais vous l'appliquez un jour à la fois, tel que décrit pour chaque jour, de 21 à 0.

Avec « **C'est fini!** », vous gagnerez une victoire de plus sur vous-même!

Collez l'étiquette n°21 sur votre paquet de cigarettes et lisez-la chaque fois que vous prenez une cigarette.

Jour 20

AUJOURD'HUI…

Prenez le temps de bien comprendre les données ci-dessous :

- Aucun produit pharmaceutique, aucune méthode, aucune technique au monde ne peut vous arrêter de fumer sans votre décision de cesser de fumer, que ce soit « **C'est fini!** » ou d'autres produits et moyens.

- C'est donc **VOUS** et **VOUS seul** qui allez vous permettre d'arrêter de fumer. Aucune méthode ne peut le faire pour vous. Certaines personnes y arrivent sans aide, d'autres en ont besoin. Ce fut le cas de l'auteur principal de cette méthode : Robert W. Talbot. C'est en élaborant une méthode pour se venir en aide qu'il a réalisé les bases de cette méthode 100% naturelle et sans effets secondaires négatifs. Par contre, les effets secondaires positifs, telle la possibilité de réutiliser ce processus pour atteindre d'autres objectifs personnels, s'avèrent une valeur ajoutée.

- Cette méthode prend en considération un ensemble de facteurs qui ont contribué à ce que vous commenciez à fumer, dont les principaux: social, économique, physique, physiologique et psychologique.

- Pendant les jours qui vont suivre, vous allez mettre en place par vous-même, en toute conscience, des mécanismes de transformation qui vont vous permettre de mieux vous préparer à cesser de fumer et surtout à ne plus recommencer.

- Vos cinq sens seront mis à contribution, d'où l'importance de faire l'exercice prescrit chaque jour et le mieux possible.

AUJOURD'HUI :

Collez l'étiquette n°20 sur votre paquet de cigarettes et lisez-la chaque fois que vous prenez une cigarette.

Jour 19

Pour illustrer les propos du jour précédent, une étude démontre jusqu'à quel point « vous seul » pouvez vous permettre d'arrêter de fumer, avec ou sans aide. La majorité des gens ont besoin d'aide. Pourquoi? Parce que la cigarette et tous les produits du tabac contiennent de la nicotine et des substances qui créent l'accoutumance physiologique et psychologique.

Une des revues scientifiques les plus prestigieuses du monde médical, « The New England Journal of Medecine », publiait, dans son édition du 4 mars 1999 (nº 9, vol. 300:685-691), les résultats d'une recherche scientifique réalisée auprès de 488 fumeurs :

- 244 fumeurs ont utilisé des timbres transdermiques **avec nicotine;**
- 244 fumeurs ont utilisé des timbres transdermiques **avec un placebo**.

Taux de réussite :

- fumeurs avec timbres transdermiques **à la nicotine** : 16,4 %
- fumeurs avec timbres transdermiques en **placebo** : 15,6 %

Les 15 chercheurs spécialisés qui ont mené l'étude (des détenteurs d'un diplôme Ph. D., des docteurs en pharmacie et des médecins) concluent qu'il n'y a pas de différence significative entre un placebo et un timbre transdermique.

C'est donc dans la tête que ça se passe.

De plus, nous avons fait un relevé sommaire et approximatif des coûts reliés à divers produits offerts pour arrêter de fumer, dont certains ont des effets secondaires graves pour votre santé.

Prix (approximatifs - sujets à changement)

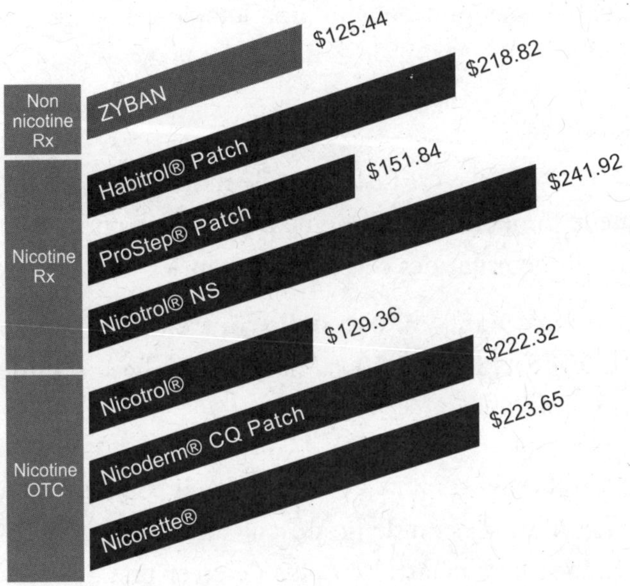

En comparaison, « **C'est fini!** » coûte 19.95$ (environ 16 Euros)

> « Dans le prix des traitements par substituts nicotiniques, il est bon de mentionner que dans certains cas, les associations de plusieurs types de substituts sont conseillés aux fumeurs ayant une dépendance élevée à la nicotine accompagnée d'envies de fumer à tout moment de la journée. Pour ces fumeurs, les débuts de l'arrêt sont plus difficiles et certaines situations présentent des risques pour les ex-fumeurs. Le fumeur peut résister plus facilement au besoin de fumer. La prise ponctuelle de nicotine, en gommes

ou par inhalateur, en plus du *patch*, peut aider le fumeur à pallier aux pulsions irrésistibles de fumer. Il est désormais possible d'utiliser plusieurs supports de substituts en même temps : gommes et *patch* ou *patch* et inhalateurs. Cette méthode permet au fumeur de mieux s'adapter au sevrage. Continuer de fumer tout en maintenant un taux de nicotine continu grâce à des substituts nicotiniques est désormais une mesure conseillée pour tous les fumeurs très dépendants qui ne peuvent pas imaginer encore " la vie sans cigarette". »

Un cardiologue

La force de « **C'est fini!** » est justement de modifier graduellement l'image que le fumeur a de lui-même pour la transformer en une image de non-fumeur par des exercices appropriés.

Les résultats concernant « **C'est fini!** » ont été obtenus en utilisant la pastille « SAPINO », 100% naturelle, à base d'huile essentielle de sapin baumier.

ZYBAN : En vente libre, en France et en Europe, il coûte de 60 à 100 € par mois, selon les sites qui le proposent sur internet. Il présente des effets secondaires néfastes en plus de créer une nouvelle dépendance au médicament.

CHAMPIX (aussi nommé Chamtix aux États-Unis) : il coûte environ 190 € par mois. Il est à base de varenicline. Le laboratoire qui le fabrique soutient que le taux de réussite est de 44% après 3 mois! (voir le site Internet : psychomedia). Ses effets secondaires créent une dépendance à ce produit pharmaceutique. Les effets secondaires comportent à la fois des effets fréquents, tels que hypersensibilité et allergies, insomnies, agitation, anxiété, sécheresse de la bouche, fièvre, et à la fois des effets rares mais graves tels que déséquilibre ou favorisation d'un diabète, troubles sévères du rythme cardiaque, crises convulsives. Ajoutez à cela les risques d'effets secondaires psychiatriques tels que la dépression et le suicide. Est-ce le genre de risque que vous souhaitez vraiment prendre pour cesser de fumer? Si on vous disait que le vaccin contre la grippe peut provoquer des effets secondaires aussi graves, accepteriez-vous de le recevoir?

AUJOURD'HUI :

Collez l'étiquette n°19 sur votre paquet de cigarettes.

Jour 18

AUJOURD'HUI...

On vient au monde en mangeant. On ne vient pas au monde en fumant. Fumer est une habitude acquise. Cette habitude a créé dès le départ une dépendance physiologique, physique et psychologique par les alcaloïdes contenus dans le tabac. Ces alcaloïdes sont des drogues. Ils créent une dépendance. Le jour où vous acceptez cela, les chances de vous en sortir s'améliorent de façon significative. De plus, les compagnies de tabac ajoutent des produits comme l'ammoniac dans le but de permettre au tabac de créer, plus rapidement, une dépendance chez le jeune qui commence à fumer, car elles savent que le jour où vous commencerez à fumer, vous leur rapporterez des milliers de dollars ou d'euros pendant des années et des années.

On peut se défaire d'une habitude acquise plus facilement que d'une habitude innée (mieux manger pour maigrir, par exemple). La méthode « **C'est fini!** » fait donc appel à un ensemble de procédés se basant sur les sciences du comportement. Certains ont bien essayé de l'imiter, mais souvent sans en connaître les vrais fondements.

Pourquoi, par exemple, 21 jours pour se préparer mentalement à cesser de fumer? C'est un procédé inspiré par les études du Dr Maxwell Maltz sur le fonctionnement de notre cerveau (*psycho-cybernétique*). Pour faire passer une décision du niveau conscient au niveau subconscient, le Dr Maltz démontre qu'il faut entre 17 et 21 jours. **En d'autres termes, si vous prenez le temps de bien**

vous préparer à cesser de fumer, votre décision sera plus facile à appliquer.

Des études menées par deux lauréats de Prix Nobel, les Dr Robert Ornstein et Dr Richard Thompson, expliquent que « c'est notre cerveau qui crée sa propre capacité à penser, en réponse à son environnement, selon les principes de sélection naturelle ». Bref, si votre cerveau décide vraiment d'arrêter de fumer, il le fera. En prenant la décision de cesser de fumer, vous venez de faire une sélection naturelle, et votre cerveau vous y conduira avec succès. En résumé, comme chaque paragraphe et chaque exercice de la méthode « **C'est fini!** » reposent sur des données scientifiques, vous avez sélectionné un outil qui vous sera une aide précieuse.

Si vous décidez de cesser de fumer avant le jour 0 parce que vous vous sentez vraiment prêt, nous vous recommandons tout de même de continuer à suivre la méthode « **C'est fini!** » comme moyen de renforcement.

AUJOURD'HUI :

*Aujourd'hui, je m'habitue à vivre une journée à la fois. Je m'occupe du lendemain sans m'en préoccuper. Un jour à la fois! Chaque matin, nous commençons le premier jour de ce qu'il nous reste à vivre. J'ai décidé que je changerai ce jour en cessant de fumer le (**inscrire la date :** ______________________________).*

Collez l'étiquette n°18 sur votre paquet de cigarettes.

Jour 17

AUJOURD'HUI…

À partir d'aujourd'hui, je commence à vivre au jour le jour. Un jour à la fois !

Lorsque vous décidez d'escalader une montagne, vous savez que vous ne pouvez pas y parvenir en un rien de temps. Vous devez vous y préparer pour ensuite gravir pas à pas la montagne jusqu'à ce que vous ayez atteint le sommet.

Cesser de fumer se fait au jour le jour. Demain est un autre jour. Nous sommes tous capables de cesser de fumer pour une journée. Demain est un autre jour. On les prend un à un. Puis arrive un jour où nous avons pris le dessus sur notre dépendance et **jamais, jamais plus** on ne voudrait revenir en arrière.

J'ai décidé de cesser de fumer ***pour moi****, pas pour les autres. Dès le jour où je cesserai de fumer, c'est toute ma* ***qualité de vie*** *qui sera améliorée : ma santé, mon apparence physique (peau, haleine, doigts, etc.), mes économies qui se chiffreront par milliers de dollars ou d'euros dès les premières années, ma vie en société, au restaurant, au travail, etc.*

Je crois en moi. Je sais que cette fois, ce sera ***MA*** *réussite. Car on ne peut cesser de fumer pour quelqu'un d'autre. On le fait pour soi. Tant mieux si cela fait plaisir à d'autres (conjoint, enfants, etc.), mais ce n'est pas pour eux que je le fais : je le fais pour MOI.*

*Dans 17 jours, le (**inscrire la date :** ______________________),
je cesserai de fumer. Je note cette date sur les étiquettes pour qu'elle apparaisse chaque fois que je pendrai une cigarette pendant ces 17 jours.*

AUJOURD'HUI :

Exercice pratique de conditionnement positif

*En commençant aujourd'hui, je vais **mettre en place un mécanisme pour renforcer ma volonté**.*

C'est un mécanisme de conditionnement opérant. Il serait trop long d'expliquer ici tout ce que ça comporte. Sommairement, souvenez-vous, lorsque vous étiez enfant et même encore aujourd'hui, pour déclencher le départ vers une victoire, vous comptiez 1, 2, 3… et c'est parti!

Chaque jour, dans le but de développer un réflexe positif, je vais compter 1, 2, 3, **à l'intérieur de moi-même** (et non pas à haute voix) chaque fois que je le peux avant un acte ou un geste positif, avant un évènement agréable à vivre. Voici quelques exemples pour illustrer comment bien l'appliquer :

- Avant de me lever pour le petit déjeuner, je compte intérieurement 1, 2, 3… et je me lève.
- Avant de prendre mon café, je compte 1, 2, 3, et je commence à boire.
- Avant de prendre un bon repas, je compte, 1, 2, 3, et je commence à manger.
- Avant de répondre au téléphone, je compte, 1, 2, 3, et je réponds.

- Avant de commencer à regarder la télé ou écouter la musique de mon choix, je compte 1, 2, 3 et je débute mon activité.

Donc, avant toutes les occasions qui se présentent à vous, le plus souvent possible pendant les 17 jours qui suivront, vous comptez 1, 2, 3… intérieurement.

Bien entendu, avant d'éteindre chaque cigarette que vous allez fumer pendant ces 17 jours, vous comptez 1, 2, 3, puis vous éteignez votre cigarette (ou tout autre produit du tabac).

Collez l'étiquette n°17 sur votre paquet de cigarettes.

Jour 16

AUJOURD'HUI

*Aujourd'hui, **je note** mes premières impressions sur ma décision de cesser de fumer :*

1. *Comment je me sens par rapport à ma décision de cesser de fumer le (**inscrire la date :** ______________________).*
2. *Pourquoi est-ce que je fume? Quelles en sont les trois vraies raisons, selon moi?*
3. *Quelles sont les trois motivations principales pour que je cesse de fumer?*

Vous devez savoir qu'une personne qui cesse de fumer persiste plus longtemps et plus facilement dans sa décision si elle est accompagnée au moment du sevrage. C'est ce qu'on appelle un « coach ». C'est une personne que vous choisissez parce que vous avez CONFIANCE en elle. C'est avec elle que vous pourrez parler et communiquer pendant les 16 jours qui restent lorsqu'un goût subit de fumer surgira. Si elle a déjà fumé, c'est encore mieux.

AUJOURD'HUI :

Je choisis cette personne en prenant en considération les critères suivants :

1. *J'ai CONFIANCE en elle. Elle sera discrète sur MA décision et gardera mes entretiens avec elle confidentiels.*

2. *Elle est DISPONIBLE lorsque je voudrai l'appeler dans le cadre horaire déterminé avec elle.*
3. *Elle RESPECTE ma décision. Je sais que cette personne respectera ma décision et pourra m'écouter au besoin sans exprimer de jugements de valeur.*

Pour assurer le succès de cette relation de « coach », nous vous demandons :

- **D'imprimer** la page « Lettre à un(e) ami(e) aidant(e) » si vous avez fait l'achat par téléchargement ou d'utiliser la lettre dans le livre si vous avez acheté la copie papier.
- **De choisir** la personne de confiance. Dans la mesure du possible, choisissez une personne qui a déjà fumé.
- De demander à cette personne si elle accepte d'agir comme « coach » en lui laissant le temps de lire la lettre.
- De clarifier ensemble les plages horaires où vous pouvez communiquer avec elle.

Continuez à :

- Compter 1, 2, 3, avant les actes positifs
- Coller votre étiquette n°16 sur votre paquet de cigarettes
- Calculer combien il vous coûte de fumer
  - par semaine
  - par mois
  - par année

- **Ouvrir votre compte bancaire** de style « Épargne » ou « Livret A » si ce n'est déjà fait et passer un accord avec un établissement bancaire : aucun retrait ne pourra être effectué avant un an. Vous verrez la surprise qui vous attend.

  Il se peut que pour des raisons personnelles, vous ne vouliez pas ouvrir un compte bancaire. Nous vous encourageons à créer votre propre compte à domicile en déposant dans un récipient scellé, l'équivalent en argent de ce que vous auriez fumé, en prenant la ferme décision de le faire pendant un an avant de l'ouvrir. Toutefois, cette alternative ne vous permet pas de profiter des intérêts bancaires et peut devenir une tentation en cas de besoin.

Jour 15

AUJOURD'HUI...

Je cultive la pensée POSITIVE RÉALISTE.

La lecture pour cette journée est un peu plus longue que les autres. Il n'est pas évident d'expliquer de façon concise la pensée positive réaliste. Et nous ne voulons pas tomber dans le charlatanisme. Nous avons décidé de l'expliquer convenablement en sachant que cela vous sera utile toute votre vie.

> « Les humains se rendent malheureux non pas par les choses qui arrivent mais par la manière de voir les choses qui arrivent »
>
> *Épictète (philosophe grec, vers les années 50. Après avoir été esclave, il fut affranchi et ensuite banni. Partisan du stoïcisme).*

Plusieurs croient que la pensée positive consiste tout simplement à se répéter continuellement que tout est beau, bien, bon. Pour que la pensée positive soit efficace, elle doit répondre à quatre questions :

1. Quel est le problème?

« Je fume et j'aimerais cesser de fumer (souvent les gens ajoutent : « et ce n'est pas facile »). »

Dorénavant, au lieu de dire, « ce n'est pas facile », je vais transmettre le message suivant à mon cerveau :

« je vais rendre cela facile » ; « Je vais pendre les moyens pour rendre cela plus facile ».

2. **À qui appartient le problème?**

   À moi. À moi seul. Personne d'autre ne pourra le résoudre à ma place.

3. **Qui peut contribuer à résoudre le problème?**

   Moi pour commencer. Certains y sont arrivés seuls. La majorité des fumeurs ont besoin d'aide.

4. **Quels sont les moyens que je me donne pour résoudre ce problème?**

   J'ai choisi « **C'est fini!** ». Pourquoi? Tout simplement parce qu'il offre les avantages suivants :

   - Il m'aide à me préparer de façon EFFICACE.
   - Il ne crée aucun effet secondaire négatif.
   - Il ne crée aucune autre dépendance pour remplacer celle du tabac, comme certains produits pharmaceutiques le font.
   - Il me soutient pendant et après le sevrage tabagique.
   - Il me permet de comprendre que personne d'autre ne pourra le faire à ma place.
   - Il fait appel à des produits naturels aussi efficaces que la gomme avec nicotine en choisissant des pastilles ou gommes sans sucre et des inhalateurs à essence naturelle dont l'efficacité est aussi bonne.

Cultiver la pensée positive RÉALISTE n'est donc pas de la magie. Il est important d'insister sur le mot RÉALISTE. La réalité est que j'ai décidé de briser une habitude et de me soustraire à une drogue nommée nicotine qui crée une dépendance. Ça, c'est la réalité.

Penser positivement veut dire : *devant cette RÉALITÉ, je sais que je peux réussir. Des millions de personnes ont réussi. Je veux rejoindre ce club de vainqueurs. Chaque fois que j'aurai un doute, je le dissiperai. J'ai un défi à relever. C'est un défi personnel, un rendez-vous avec moi-même. Je sais que je suis capable de réussir et d'assumer ce succès.*

Si on vous demande de faire un saut d'une hauteur raisonnable, proportionnelle à vos capacités et à vos forces, et que vous êtes convaincu que vous n'y arriverez pas, que va-t-il se passer? Mais si vous savez que vous êtes capable et que vous décidez de le réussir, que va-t-il se passer? Vous allez le réussir.

Voilà la pensée positive réaliste : comprendre que la peur d'échouer est la première marche de l'échec. Saisir l'opportunité du succès conduit au succès.

*À partir d'aujourd'hui, je poursuis un objectif : cesser de fumer le (**inscrire la date :** ____________________________). Je cultive la pensée positive réaliste : OUI, je sais que je peux atteindre cet objectif.*

- *Je suis décidé.*
- *Je suis capable.*
- *Je le peux.*
- *Je le veux vraiment.*
- *Je suis convaincu.*
- *Je vais réussir et me récompenser ensuite.*

Autant de formules que je vais utiliser le plus souvent possible chaque jour à venir.

Il existe de nombreuses publications sur l'art de penser positivement avec réalisme. Nous vous suggérons d'alimenter votre cerveau quotidiennement avec ce genre de lectures.

Continuez à :

- Compter 1, 2, 3… le plus souvent possible avant une situation positive.
- Coller l'étiquette n°15.
- Utiliser les formules positives par rapport à votre décision.
- Énumérer ci-dessous au moins trois points positifs à devenir non-fumeur :

  ____

  ____

  ____

Avec l'habitude de penser de façon réaliste et positive, je fais monter en moi les énergies nécessaires pour réussir. Je me donne les capacités de réussir en gravissant un à un les échelons, jour après jour, jusqu'au sommet : celui que j'ai visé et qui correspond à ma décision.

Réussir quoi que ce soit de valable demande un MINIMUM D'EFFORT. Penser « réaliste » veut donc dire que j'aurai à faire des efforts et à m'investir dans ma démarche et ma décision, d'où l'importance de me préparer pour assurer le succès.

Avec « **C'est fini!** », nous vous fournissons les outils pour vous préparer et vous permettre de savoir vraiment que VOUS ÊTES LE SEUL À POUVOIR ATTEINDRE VOTRE OBJECTIF, en y mettant la quantité d'efforts nécessaires. Personne d'autre ne peut le faire à votre place. Votre pensée positive devient synchrone avec la pensée réaliste. Votre cerveau va répondre en conséquence.

Le meilleur alpiniste au monde, aussi positive que soit sa pensée, ne peut espérer atteindre le sommet sans voir la RÉALITÉ EN FACE. Il doit avoir un face à face avec elle. Cette confrontation permet de se préparer au succès.

Pour l'alpiniste, voir la RÉALITÉ EN FACE signifie :

- Analyser ses chances de succès.
- Choisir le moment approprié.
- Se préparer en conséquence.
- Prendre tous les MOYENS nécessaires pour GARANTIR le SUCCÈS. Ces moyens sont les bottes de montagne, le piolet, les crampons, les cordes, les attaches et autres précautions, incluant la condition physique, l'alimentation, la planification, l'organisation, les mesures de sécurité…

La **pensée positive réaliste** amènera l'alpiniste à jouer gagnant dès le départ. Sa détermination à vaincre les obstacles en cours d'ascension, alimentée par sa décision d'atteindre le sommet qu'il s'est mis en tête de conquérir, doit être jumelée à la capacité de faire face à la réalité pour lui permettre d'avoir une vision juste des obstacles à surmonter un à un. Loin de nier ou de diminuer l'importance de ces obstacles, **la pensée positive réaliste** permet au contraire de **les voir tels qu'ils sont.** L'alpiniste pourra **prendre les moyens pour les surmonter et s'assurer qu'il en triomphera.**

Pour me conditionner à cesser de fumer et me désintoxiquer, il est important d'adopter la même attitude si je ne veux pas faire de rechute.

J'affronte la réalité par un face à face avec ma situation de fumeur et je surmonte les obstacles parce que je les connais et que je me donne les moyens de les surmonter, un à un, au jour le jour, tout comme l'alpiniste le fait pour chacune des étapes à franchir. J'identifie les obstacles potentiels que je rencontrerai tout au long de ma démarche.

Obstacles à surmonter comme futur non-fumeur :

- *Le stress*
- *Les émotions*
- *Les conversations téléphoniques*
- *Les pressions sociales*
- *La publicité sur le tabac. Aujourd'hui, les compagnies de tabac achètent du placement de produit dans les films, par exemple, et défraient une partie du film (commanditaire) si tel acteur dans telle scène fume à l'écran afin d'éveiller les habitudes d'ex-fumeurs.*
- *Les gestes répétés du fumeur (habitudes)*
- *La famille ou la parenté*
- *Le contact avec d'autres fumeurs*
- *Je note ci-dessous les autres obstacles que j'identifie comme futur non-fumeur :*

____

____

____

____

____

____

Pour terminer ce cheminement dans la pensée positive réaliste, nous ajoutons aujourd'hui un exercice que vous pourrez pratiquer toute votre vie : **la visualisation**.

Dans les jours qui vont suivre ainsi qu'après le sevrage, je cultive en moi « l'image de soi » d'un non-fumeur. Je commence à cultiver une représentation de moi comme NON-FUMEUR.

Comment procéder ? Chaque fois que vous fumerez une cigarette, vous allez vous imaginer, vous visionner intérieurement dans la même situation, heureux, détendu, mais sans fumer.

> « La représentation de soi ou la visualisation n'est pas un procédé pour agir sur les autres, sur le monde extérieur. La représentation de soi n'est efficace que dans la mesure où elle s'exerce sur soi-même. Pour illustrer, prenons l'exemple d'un acteur de théâtre. Il répète son rôle dans une salle vide pour bien le posséder et il le joue comme si le public était déjà là. Il ne fait pas cela dans le but de faire venir les spectateurs, ce qui serait tomber dans l'irréalisme de la pensée magique. L'acteur *se transforme d'abord lui-même* pour être prêt à satisfaire son public et répondre à ses attentes, car celui-ci est seul juge de sa réussite au niveau concret. La *représentation de soi* est efficace de la même façon : elle nous aide d'abord à nous changer et à être prêt à affronter la situation nouvelle que nous envisageons. Elle est totalement inefficace si on s'en sert pour modifier les autres ou les événements sans d'abord se changer soi-même »
>
> *Dr Maxwell Maltz,*

Exemple : *Je me représente, m'imagine, me visualise de bonne humeur, appréciant mon café ou en conversation téléphonique sans cigarette à la main après le jour 0.*

AUJOURD'HUI :

- *J'identifie clairement les obstacles à venir.*
- *Je cultive la pensée positive réaliste.*
- *Je reste constant dans ma décision de cesser de fumer le (**inscrire la date :** ______________________).*
- *Je continue d'appliquer le 1, 2, 3, avant les actes positifs le plus souvent possible et avant d'éteindre chaque cigarette.*
- ***Je me visualise**, chaque fois que je fume, dans les mêmes situations **sans fumer**, de bonne humeur.*
- *Je colle l'étiquette n°15.*

Jour 14

AUJOURD'HUI…

Pour réussir votre projet, **vous devez savoir que** :

1. Dès le jour où l'on cesse de fumer, les études ont démontré que seulement 2 personnes sur 100 peuvent goûter à nouveau à une cigarette sans recommencer. Il est donc essentiel de ne prendre aucun risque.

2. Le tabac est une DROGUE. Lorsqu'on goûte à nouveau à une DROGUE, on reprend la dépendance là où on l'a quittée. Cette DROGUE aura TOUJOURS un effet instantané sur nous pour toute notre vie. D'où l'importance de ne prendre AUCUN RISQUE d'y goûter à nouveau après le jour 0.

3. La NICOTINE est une drogue TOXIQUE et PUISSANTE qu'on utilisait autrefois comme insecticide entre autre pour tuer les insectes dans les pommiers, en prenant de très grandes précautions : habit de protection avec masque, douche obligatoire après l'épandage, etc. Si on prenait un seul paquet de cigarettes et que l'on en extrayait toute la nicotine (entre 10 à 20 mg), on obtiendrait un liquide huileux soluble dans l'eau. Si cette quantité était injectée directement dans le sang, ce serait la MORT INSTANTANÉE. Cela donne une idée des efforts que l'on demande chaque jour à votre organisme pour

éliminer ce produit et des centaines d'autres produits toxiques contenus dans le tabac chaque jour, sept jours par semaine!

4. Les fabricants de tabac sont rusés. Sachant que la nicotine est l'un des ingrédients qui accélère la dépendance au cerveau, ils ont introduit dans le tabac de l'ammoniaque qui rend la dépendance plus rapide. Ainsi, un jeune qui commençait à fumer il y a 50 ans, développait l'accoutumance après 6 semaines environ. Aujourd'hui, avec cet ajout d'ammoniaque, l'accoutumance se crée dès la deuxième semaine.

5. La publicité sur le tabac et le conformisme des groupes à l'adolescence nous invitent à avaler ce POISON. Si vous avez des insectes dans vos plantes, essayez le truc suivant : vous laissez tremper deux cigarettes dans l'eau tiède pendant une heure. Vous mettez l'eau dans un vaporisateur et vous épandez cette eau colorée sur vos plantes. S'il reste des insectes après 48 heures, refaire une deuxième fois. Vous n'aurez plus d'insectes.

6. Avez-vous besoin de tuer des insectes sur les cils vibratiles de vos poumons et bronches ?

EXERCICE PRÉPARATOIRE À FAIRE AU QUOTIDIEN

AUJOURD'HUI :

Ajoutons un exercice préparatoire important en vue du sevrage.

Trois conditions doivent être respectées scrupuleusement pour assurer l'efficacité de cet exercice :

1. Le faire **avant le coucher**, au lit si possible.
2. La durée doit être **d'une minute minimum**.
3. Le faire en respectant pleinement les instructions données ci-dessous :

INSTRUCTIONS

- **Fixer le centre** des cercles concentriques jaunes et noirs de façon à obtenir une vision globale et nette des cercles (la planche représentant ces cercles est à la fin du livre).
- Lorsque vous avez terminé de fixer les cercles, fermez les yeux en vous imaginant dans des situations quotidiennes sans fumer et heureux.

TOUS LES SOIRS avant de vous coucher, idéalement juste avant le sommeil, faites cet exercice suivant : vous éteignez la lumière, vous dormez… en faisant de beaux rêves.

Continuez à faire tous les jours :

- L'exercice du compte 1, 2, 3.
- Changer sa pensée en « pensée à succès ».
- Se faire une représentation de soi (image mentale) comme non-fumeur.
- Fixer les cercles concentriques.
- Coller l'étiquette n°14.

Jour 13

AUJOURD'HUI...

« Renoncer ? Ça vous va ? »

Temps écoulé après la dernière cigarette que vous fumerez au jour O

- **20 minutes :** la tension artérielle et la fréquence du pouls diminuent pour revenir à la normale.
- **8 heures :** le niveau de monoxyde de carbone dans le sang baisse et le niveau d'oxygène augmente pour revenir à la normale.
- **24 heures :** les dangers d'une crise cardiaque diminuent de façon significative.
- **48 heures :** les aliments commencent à avoir un meilleur goût et une meilleure odeur.
- **72 heures :** il n'y a plus de traces de nicotine dans votre organisme, sauf dans le tartre des dents. D'où l'importance de se brosser les dents avec un dentifrice antitartre.
- **2 semaines :** la circulation sanguine s'améliore et la peau recommence à retrouver ses couleurs normales. L'haleine du fumeur a disparu. Les reins fonctionnent mieux. Votre haleine redevient celle d'un non-fumeur. La FIERTÉ s'empare

de vous. Si votre conjoint vous embrasse, il embrasse autre chose qu'une haleine de fond de cendrier.

- **9 mois :** la toux, la congestion, la fatigue, l'essoufflement diminuent de façon significative et l'énergie générale s'améliore à la vitesse d'un TGV.
- **1 an :** le danger de maladie cardiaque est réduit de moitié. Les poumons ont évacué une partie des résidus de goudron. Vous avez économisé au moins 1000€ (environ 1400$). Se serait le prix à payer si vous recommenceriez à fumer : acheter une cigarette qui coûtera plus de 1000€ (1400$) par année...
- **2 ans :** si vous faites modérément de la marche rapide ou du sport, vos poumons rejoignent presque le même niveau de risque de maladies pulmonaires qu'un non-fumeur.
- **5 ans :** le danger d'un cancer du poumon rejoint le niveau de celui d'un non-fumeur. Vous aurez économisé plus de 5000€ (7000$).
- **10 ans et :** votre état de santé a rejoint le niveau de celui d'un non-fumeur.

CETTE MÉTHODE est basée sur la pensée positive réaliste, sans peur, qui vous permet de vous dire : « AUJOURD'HUI, je suis chanceux. Je suis de ceux et celles qui ont pris leur décision à temps ».

En appliquant « **C'est fini!** » *intégralement, je me donne un excellent moyen de retrouver ma santé physique optimale, physiologique, psychique et morale. Je me débarrasse de cette béquille qu'est la cigarette ou le tabac. J'apprends à acquérir un certain art de vivre. Je vais me servir de cette façon de vivre comme tremplin pour aller plus loin dans mes projets et être mieux avec moi-même en y ajoutant ma touche personnelle.*

AUJOURD'HUI :

- *Je continue à me visualiser dans toutes les situations comme non-fumeur.*
- *J'applique la technique 1, 2, 3, le plus souvent possible et en éteignant chaque cigarette.*
- *Je fais l'exercice des cercles concentriques.*
- *Je colle l'étiquette n°13.*

Jour 12

AUJOURD'HUI…

Les études ont démontré les effets positifs à cesser de fumer pour retrouver un corps en santé.

Pour illustrer l'une de ces études, faites les expériences suivantes :

➤ Expérience 1 : les pulsations cardiaques

Avant de fumer la première cigarette de la journée, captez votre pouls ou vos pulsations cardiaque à l'aide d'une des trois techniques énumérées ci-dessous :

Notez : ______________________

Refaites l'exercice **après** avoir fumé une cigarette. Remarquez la différence.

Notez : ______________________

Fumez une deuxième cigarette et observez à nouveau la différence.

Notez : ______________________

Trois techniques simples pour capter vos pulsations cardiaques :

1. Avec l'index et le majeur, placez les doigts sur votre cou sous votre mâchoire, jusqu'à ce que vous sentiez les

pulsations transmises au niveau de la carotide, qui est une artère directement reliée à l'aorte du cœur.

2. Placez l'index et le majeur du côté intérieur du poignet, c'est-à-dire le point de rencontre entre le poignet et la main ouverte.

3. Utilisez un appareil électronique qui donne accès à vos pulsations cardiaques.

➤ Expérience 2 : comportements du fumeur

Observez les fumeurs autour de vous.

Notez les comportements propres au fumeur : le geste nerveux, son teint, ses yeux clignotants pour éviter la fumée, ses quintes de toux, son inconfort face au non-fumeur, etc.

Notez : ______________________________

____

____

____

____

____

AUJOURD'HUI :

- *Je continue à me visualiser dans toutes les situations comme non-fumeur.*
- *J'applique la technique 1, 2, 3, le plus souvent possible et en éteignant chaque cigarette.*
- *Je fais l'exercice des cercles concentriques.*
- *Je colle l'étiquette n°12.*

Jour 11

AUJOURD'HUI...

➤ Le miroir

Cette expérience est une condition essentielle de réussite.

Retirez-vous dans un lieu où personne ne pourra vous déranger. Généralement, la salle de bain est un endroit discret où l'on trouve un **miroir**.

REGARDEZ-VOUS FUMER **une cigarette au complet devant le miroir**.

C'est tout pour AUJOURD'HUI. Mais c'est très important.

Je note mes premières IMPRESSIONS sur MOI-MÊME après l'expérience.

AUJOURD'HUI :

- *Je continue à me visualiser dans toutes les situations comme non-fumeur.*
- *J'applique la technique 1, 2, 3, le plus souvent possible et en éteignant chaque cigarette.*
- *Je fais l'exercice des cercles concentriques.*
- *Je colle l'étiquette n°11.*

Jour 10

AUJOURD'HUI…

Lorsqu'on réussit, il est important de se récompenser pour ce succès. Si c'est un petit succès, offrez-vous une petite récompense. Si c'est un grand succès, vous méritez une grande récompense.

AUJOURD'HUI, je sais que je vais réussir. Je commence à IMAGINER et à RÊVER à quoi je vais utiliser l'argent économisé.

Cet argent ne peut être utilisé pour régler les comptes ou les dettes. Si vous l'aviez dépensé en cigarettes, vous ne l'auriez pas. Il se serait envolé en fumée en plus de nuire à votre santé (réalisez-vous que vous payez pour nuire à votre propre santé?)

Cet argent doit servir à vous offrir une récompense, sous forme de loisirs, de bien-être, de cadeau que vous vous ferez à vous-même. Ce cadeau peut être un voyage, une œuvre d'art, un bijou exotique, une sortie, etc. Un jour, une personne m'arrête dans la rue et me dit : « Vous savez, il y a 7 ans, j'ai suivi la formation que vous avez donnée au Centre Hospitalier de l'Université Laval. J'ai économisé cet argent pendant 5 ans pour en faire un dépôt sur une maison que je rêvais d'acheter depuis des années. Ce rêve est maintenant réalité ».

Je me permets de rêver à ce que je m'offrirai avec cet argent.

Je m'imagine dans 12 mois et plus, avançant dans ce rêve, chaque jour.

AUJOURD'HUI :

- *Je continue à me visualiser dans toutes les situations comme non-fumeur.*
- *J'applique la technique 1, 2, 3, le plus souvent possible et en éteignant chaque cigarette.*
- *Je fais l'exercice des cercles concentriques.*
- *Je colle l'étiquette n°10.*

Jour 9

AUJOURD'HUI…

J'apprends à respirer.

Je commence AUJOURD'HUI à pratiquer la respiration abdominale. Cette respiration devient un outil de secours partout, dans les moments de stress ou d'envie de fumer.

C'est une respiration COMPLÈTE qui APAISE et AIDE beaucoup. Elle est utile en tout temps parce que c'est une technique qui peut vous accompagner partout.

Voici la technique de la respiration abdominale, en position debout ou assise :

➤ Étape 1 :

Vous chassez tout l'air de vos poumons. Vous gardez ce vide pendant 1 à 2 secondes.

En plaçant vos mains sur votre abdomen, vous allez sentir l'air entrer.

➤ Étape 2 :

Vous laissez entrer l'air naturellement et seulement dans l'abdomen pour commencer. Durant cette phase, vous constaterez que les épaules ne bougent pas.

➤ Étape 3 :

Lorsque l'abdomen est bien rempli, vous complétez votre respiration en gonflant la poitrine au maximum (sans toutefois forcer), en laissant entrer tout l'air que vous pouvez dans vos poumons. C'est à ce moment que les épaules bougent par l'arrivée de l'air dans les poumons.

Vous gardez l'air pendant 1 à 2 secondes.

En situation de stress, vous faites cet exercice à quelques reprises, jusqu'à ce que le stress s'estompe.

Ces trois mouvements se font normalement et naturellement, l'un à la suite de l'autre, doucement et profondément.

C'est un exercice qui peut se faire en toute discrétion partout et en tout temps. Par exemple, avant de donner une conférence, j'ai souvent utilisé cette technique sans que cela paraisse.

À partir d'aujourd'hui, pratiquez cette respiration où vous le voulez, quand vous le voulez, au moins quatre à cinq fois par jour. C'est une technique discrète, sans bruit, que personne ne pourra observer, efficace et applicable partout. Elle vous sera très utile dans les moments de tension lorsque vous aurez cessé de fumer. Faites-le chaque fois que le goût de fumer vous revient ou qu'une certaine nervosité se manifeste.

AUJOURD'HUI :

- *Je pratique, quand cela me convient, la respiration abdominale en prévision du jour 0.*
- *Je continue à me visualiser dans toutes les situations comme non-fumeur.*

- *J'applique la technique 1, 2, 3, le plus souvent possible et en éteignant chaque cigarette.*
- *Je fais l'exercice des cercles concentriques.*
- *Je colle l'étiquette n°9.*

Jour 8

AUJOURD'HUI…

*J'apprends à gérer mon stress par autosuggestion ou par toute autre méthode de mon choix : **c'est important**.*

Nous vous suggérons deux méthodes :

➤ Première méthode

Elle est toute simple, mais d'une grande efficacité.

Retirez-vous dans un lieu où personne ne pourra vous déranger. Reposez-vous de 5 à 10 minutes dans la position illustrée ci-dessous :

Les jambes sont à 90° et confortablement déposées sur une chaise ou un divan.

La tête doit être suffisamment surélevée sur un coussin pour que la colonne vertébrale soit complètement à plat sur le sol, si bien qu'on ne peut passer sa main en dessous des reins. Une fois bien installé dans cette position, faites deux ou trois respirations abdominales. Essayez-la avant de choisir une autre méthode. Elle est efficace et facile à appliquer.

➤ Deuxième méthode

Idéalement, installez-vous dans la même position que pour la première méthode lorsque les conditions environnementales le permettent (endroit clos). Vous pouvez aussi placer tout simplement un coussin en dessous de vos genoux. **L'important** est d'adopter une position confortable, que ce soit à la maison, au bureau, en train, en avion, en autobus…

Cette technique de relaxation pourra vous accompagner PARTOUT, toute votre vie.

Quand l'environnement vous le permet, assurez-vous que votre colonne vertébrale soit bien à plat sur le tapis. Pour le vérifier, essayez de passer votre main en dessous de votre corps au niveau des reins. Si vous ne réussissez pas à passer votre main, c'est que votre colonne est bien à plat.

Pour vous accompagner, vous pouvez visitez le site Internet à la référence suivante : « www.livre-yes-no.com/p/relax.html ».

Les premières fois, nous vous encourageons à utiliser « RELAX avec les paroles » pour vous accompagner. Après quelques essais, vous n'en aurez probablement plus besoin. Alors vous n'écouterez que la plage « MUSIQUE instrumentale » qui a été conçue sur mesure pour faciliter la relaxation.

C'est une technique vieille comme le monde, issue du « Yoga Asana ».

Commencez par fermer les yeux, puis prenez une dizaine de secondes pour vous approprier les bruits environnants. Apprenez à faire cette relaxation avec ces bruits.

- Vous prenez deux grandes respirations abdominales suivies d'une légère contraction des muscles de votre corps, de la tête aux pieds.
- Vous vous répétez intérieurement plusieurs fois, en visualisant graduellement :
    - Mon pied gauche *se détend…*
    - Mon pied gauche *se détend lentement…*
    - Mon pied gauche *se détend de plus en plus…*
    - Mon pied gauche *est détendu…*
    - Mon pied gauche *repose lourd comme du plomb…*

Vous faites de même pour les autres parties de votre corps : pied droit, jambe gauche, jambe droite, cuisse gauche, cuisse droite, tronc, abdomen, bras gauche, bras droit, poitrine, cou, menton, paupière, front. Lorsque vous avez terminé la détente, (10 à 15 minutes), vous évitez de revenir brusquement à la normale. Doucement, vous redonnez du tonus à vos muscles sur une période d'environ 30 secondes.

J'applique cette technique depuis 1957, à la suite de la lecture d'un article paru dans la revue « Science et Vie : Le Yoga Asana », 476, Mai 1957, p. 56-63.

Note : Cette relaxation, disponible par téléchargement, a été faite sur mesure pour vous aider. Elle ne dure que 15 minutes. Au début, vous commencez avec les paroles pour vous accompagner. Ensuite, vous pouvez n'utiliser que la plage « musique ». C'est une musique originale qui facilite l'atteinte de la phase « alpha » du cerveau, qui est celle de la relaxation, c'est-à-dire favorisant des « cycles par secondes (cps) » de 14 à 7 cps au cerveau.

NE JAMAIS utiliser cette technique de relaxation au volant de votre auto.

➤ Troisième méthode

Si les deux méthodes ci-dessus ne vous conviennent pas, il y a aussi la technique Jacobson.

- Évitez de crisper les muscles.
- Pointez les orteils vers le bas et mettez une légère tension dans les arches de vos pieds. Relâchez.
- Mettez une légère tension dans vos mollets en pointant les orteils vers le haut. Relâchez.
- Mettez une légère tension dans vos jambes en pointant vos orteils vers le bas. Relâchez.
- Contractez les muscles des cuisses en pressant les talons au sol le plus fortement possible. Relâchez.
- Contractez les fesses et relâchez.
- Rentrez votre ventre à l'intérieur le plus possible et relâchez.
- Poussez vos épaules vers l'arrière, arquez le dos. Relâchez.

- Poussez votre menton sur votre poitrine. Ensuite, pressez la tête vers le sol ou l'appui-tête. Relâchez.
- Maintenant, relâchez votre corps au complet et garder les muscles sans tension pendant 5 minutes.

➤ Autres méthodes?

Il existe de nombreuses autres méthodes pour apprendre à se relaxer. L'essentiel est d'en choisir une pour vous préparer ainsi que pour l'utiliser dès le premier jour du sevrage. Certains y vont d'une marche, d'autres écoutent la musique de leur choix... À vous de décider.

AUJOURD'HUI :

- *Je pratique, quand cela me convient, la respiration abdominale en prévision du jour 0.*
- *Je choisis une méthode de relaxation.*
- *Je continue à me visualiser dans toutes les situations comme non-fumeur.*
- *J'applique la technique 1, 2, 3, le plus souvent possible et en éteignant chaque cigarette.*
- *Je fais l'exercice des cercles concentriques.*
- *Je colle l'étiquette n°8.*

Jour 7

AUJOURD'HUI...

Nous sommes pleinement conscients que ce que nous vous demandons au jour 7 peut s'avérer plus compliqué à faire pour certaines personnes, compte tenu de leur emploi du temps (famille, travail, horaires surchargés). Si vous le pouvez, nous vous encourageons fortement à le faire. Pourquoi ? Parce que le système aérobic de conditionnement physique permet une amélioration continue accélérée de votre mieux-être physique et est celui qui facilite le mieux la désintoxication des toxines de votre organisme.

Pour les personnes qui ne peuvent pas suivre le programme indiqué ci-dessous, nous vous recommandons un minimum de 20 minutes de marche par jour et de saisir toutes les occasions de stimuler votre organisme. Exemple : *première semaine, je prends l'escalier au lieu de l'ascenseur pour aller au premier étage. La deuxième semaine, pour aller au deuxième étage, etc.*

Je me prends en main et je commence lentement à faire de l'exercice physique pour accélérer le processus de désintoxication et de régénérescence des poumons.

Je choisis mon activité : un exercice que je vais aimer faire.

Si vous n'avez pas fait d'exercice depuis longtemps, suivez les recommandations de votre médecin. Les normes que nous indiquons ci-dessous ont été élaborées par précaution en se basant sur les conditions minimales à observer, soit celles d'une personne qui recommence à faire de l'exercice après avoir eu des problèmes cardiaques. Il est donc essentiel de commencer lentement.

- Faire l'exercice choisi au moins trois fois par semaine.
- Durée : 30 minutes
- Plus de prudence vaut mieux que pas assez. Par prudence, consultez votre médecin AVANT d'entreprendre ce programme aérobic à sa pleine dimension. Discutez-en avec votre médecin. Faites-lui lire ces lignes et demandez-lui ce qui vous convient le mieux : marche rapide tout simplement ou exercice aérobic accéléré.
- Les 5 premières minutes servent à augmenter lentement vos pulsations cardiaques.
- Vous augmentez le total des pulsations à raison de 5 pulsations par semaine.
- Vous les maintenez à ce niveau pendant 20 minutes.
- Vous prenez les 5 dernières minutes pour décélérer graduellement. Cette décélération lente est IMPORTANTE pour permettre à votre cœur de décompresser normalement.

EXEMPLE : deux à trois fois par semaine, marche lente au début…

- Semaine 1 : maintenez 20 minutes à 75 pulsations par minute.
- Semaine 2 : maintenez 20 minutes à 80 pulsations par minute.
- Semaine 3 : maintenez 20 minutes à 85 pulsations par minute.

- À la douzième jusqu'à la quatorzième semaine, vous avez atteint le maximum à ne pas dépasser, avec l'approbation de votre médecin au préalable.

Il se vend des appareils pour calculer les pulsations cardiaques pendant l'exercice. Vous pouvez aussi utiliser les techniques enseignées au jour 12.

Le maximum de pulsations à atteindre à la douzième semaine d'exercice est facile à calculer : 200 moins votre âge. « **C'est fini!** » prescrit une norme ultra sécuritaire.

Les personnes souffrant de maladies cardiaques, d'emphysème, d'hypertension, etc., sont priées de demander conseil à un médecin **avant** de commencer.

EXEMPLE : Une personne de 56 ans : 200 moins 56 = 144.

À la treizième semaine de conditionnement aérobie sécuritaire : elle prendra donc 5 minutes pour atteindre 144 pulsations par minute. Elle maintiendra 144 pulsations pendant vingt minutes.

Le plus important est de bien respecter ceci : décélérer lentement en prenant 5 minutes pour diminuer les pulsations jusqu'à environ 75 pulsations par minute. Puis terminer.

Un complément peut être intéressant : mesurer la « récupération » cardiaque. Idéalement, la fréquence cardiaque devrait redescendre à 120, une minute après l'arrêt de l'effort. Si le temps pour redescendre à 120 est plus long, c'est que l'effort maximal a été trop intense.

AUJOURD'HUI :

- *Je pratique, quand cela me convient, la respiration abdominale en prévision du jour 0.*
- *Je choisis une méthode de relaxation.*
- *Si je le peux, je commence à faire du conditionnement physique aérobic.*
- *Je continue à me visualiser dans toutes les situations comme non-fumeur.*
- *J'applique la technique 1, 2, 3, le plus souvent possible, surtout en éteignant chaque cigarette.*
- *Je fais l'exercice des cercles concentriques.*
- *Je colle l'étiquette n°7.*

Jour 6

AUJOURD'HUI…

Fumer est une habitude acquise, qui a affecté sérieusement votre façon de voir les choses. C'est ce que l'on nomme *l'habitude mentale.* Chaque fumeur s'est créé sa propre image mentale. Pour briser cette image mentale, il est bien important de s'y préparer.

Au jour 15, vous avez identifié des OBSTACLES à surmonter de façon réaliste.

> *Parmi tous ces obstacles et toutes les difficultés que je prévois rencontrer comme non-fumeur, j'essaie d'identifier les 3 principaux :*
>
> 1. ______________________________
>
> ______________________________
>
> 2. ______________________________
>
> ______________________________
>
> 3. ______________________________
>
> ______________________________

J'essaie d'identifier le POURQUOI de chacune de ces difficultés.

Exemple : l'habitude d'aller fumer avec des connaissances ou amis aux pauses.

Réponse : *Je vais gérer cela autrement en faisant...* (indiquer l'action) ________________________.

Je m'imagine sans fumer dans cette nouvelle situation.

Exemple : *J'ai toujours fumé une cigarette avec mon café.*

Réponse : *Je sais que quelques jours à peine après avoir cessé de fumer, le café aura bien meilleur goût. Je me donne les moyens de ne pas recommencer à fumer avec un café.*

Je m'imagine, chaque fois que je prends un café, dans la même situation, sans fumer.

- ➢ Cultivez une IMAGE DE VOUS-MÊME en train de SAVOURER un café, sans cigarette.
- ➢ Vous vous félicitez de votre succès pendant et après chaque café que vous aurez pris sans fumer.
- ➢ Vous décidez dans votre tête que ce n'est pas une « béquille » qui viendra perturber ce plaisir. Des millions d'ex-fumeurs savourent et dégustent leur café quotidien avec GRAND PLAISIR sans fumer.

Robert W. Talbot, amateur de café espresso, déclare : « Les Européens m'ont appris ce qu'était le bon café. Jamais je n'ai trouvé le café aussi bon depuis que j'ai cessé de fumer. Mes papilles gustatives et mon odorat ne sont plus masqués par la cigarette. Je retrouve TOUT le goût du café et des aliments ».

AUJOURD'HUI :

- *Je pratique, quand cela me convient, la respiration abdominale en prévision du jour 0.*
- *Je choisis une méthode de relaxation.*

- *Si je le peux, je commence à faire du conditionnement physique aérobic.*
- *Je continue à me visualiser dans toutes les situations comme non-fumeur.*
- *J'applique la technique 1, 2, 3, le plus souvent possible, surtout en éteignant chaque cigarette.*
- *Je fais l'exercice des cercles concentriques.*
- *Je colle l'étiquette n°6.*

Jour 5

AUJOURD'HUI…

Je vais mieux comprendre maintenant à quoi me préparent les exercices précédents.

Je dois savoir qu'il se trouvera toujours sur mon chemin quelqu'un d'autre, un ami, un frère ou une sœur qui insistera pour que je goûte à nouveau à une cigarette.

Ces personnes insistent. Elles sont agaçantes, importunes, irritantes et souvent jalouses de **votre succès**. Il est donc essentiel de se rappeler les résultats d'études scientifiques (Russell, Bradshaw, Santé Canada, etc.) qui démontrent clairement que 98 personnes sur 100 qui goûtent à nouveau à une cigarette ou au tabac sous quelque forme que ce soit, recommencent à fumer. La NICOTINE est une drogue qui crée une dépendance.

D'où l'importance de mettre en place un mécanisme de réflexe de défense au niveau du cerveau. Voici ce mécanisme :

Intérieurement, vous comptez 1, 2, 3
Suivi À HAUTE VOIX :
« NON MERCI »

Lorsque vous traversez une rue et que vous voyez qu'une voiture fonce sur vous, vous fuyez d'un bond grâce à la réaction instantanée du « réflexe de défense ». Il s'est développé en vous depuis la tendre enfance. Le réflexe vous fait agir instantanément pour vous protéger, et vous constatez le danger **APRÈS**. Sinon, il serait déjà trop tard. Une fois la réaction réussie, il vous appartient APRÈS de décider si vous voulez vous jeter devant une voiture pour vous suicider. Mais pas avant. Si vous le faites, vous le ferez alors en toute connaissance de cause. Si vous acceptez cette offre d'une cigarette, c'est comme recommencer à enfoncer des clous dans votre cercueil. Il vous appartient donc, APRÈS avoir dit « NON MERCI » à haute voix, de décider si vous avez L'INTENTION de VOUS SUICIDER à petit feu dans des conditions souvent fort douloureuses. Car vous savez que vous avez 98% de risques de recommencer à fumer en goûtant à nouveau à une cigarette ou à tout autre produit du tabac.

Le réflexe « 1, 2, 3, NON MERCI » vient se greffer à un réflexe déjà acquis dans votre enfance.

En sciences du comportement, il s'agit « du conditionnement opérant » auto-administré consciemment, ce qui élimine toute possibilité d'être manipulé par qui que ce soit. Il a été mis au point à partir d'ancrages puisés dans notre enfance. On comptait « 1, 2, 3 » avant le départ pour gagner la course! Ce réflexe « 1, 2, 3, NON MERCI » vous permettra de vous sauver la vie en refusant la première cigarette, c'est-à-dire la cigarette fatale. APRÈS avoir dit intérieurement « 1, 2, 3 » puis à haute voix « NON MERCI », vous êtes en présence de votre pleine et entière liberté. Il vous appartient à vous, et à vous seul, de décider si vous voulez vous suicider à long terme. APRÈS, plus PERSONNE ne pourra prendre la décision pour vous. Ce sera alors VOTRE décision et non celle de quelqu'un d'autre (par *quelqu'un d'autre,* on entend : *un ami, un frère, une sœur, la publicité de l'industrie du tabac, un collègue de travail, l'occasion, etc.).*

Scénario à vous imaginer et à pratiquer pour les prochains jours

C'est ce qu'on nomme dans le jargon scientifique « s'administrer soi-même une technique de conditionnement opérant de façon 100 % éthique ».

Quelqu'un vous offre une cigarette?

(Intérieurement : 1, 2, 3,) : « **NON MERCI** » (à haute voix).

Nous approchons du jour 0. D'où l'importance d'appliquer du mieux que vous le pouvez :

« 1, 2, 3, » intérieurement « **NON MERCI** » à haute voix.

AUJOURD'HUI :

- *Je pratique, quand cela me convient, la respiration abdominale en prévision du jour 0.*
- *Je choisis une méthode de relaxation.*
- *Si je le peux, je commence à faire du conditionnement physique aérobic.*
- *Je continue à me visualiser dans toutes les situations comme non-fumeur.*
- *J'applique la technique 1, 2, 3, le plus souvent possible, surtout en éteignant chaque cigarette.*
- *Je fais l'exercice des cercles concentriques.*
- *Je colle l'étiquette n°5.*

Jour 4

AUJOURD'HUI…

Je m'occupe des courses en préparation ***du jour 0****. Je vais acheter avant le jour 0 les aliments que je juge utiles en fonction des conseils alimentaires donnés aux pages suivantes, pour assurer le succès de ma démarche et garantir ma désintoxication rapide.*

Cesser de fumer SANS PRENDRE DU POIDS, voilà l'objectif poursuivi.

Saviez-vous que…

- Selon des études récentes, chaque cigarette permettrait une dépense de 10 calories.
- Le gain de poids moyen pour un ex-fumeur est de 2.1 kilos s'il ne fait pas attention à son alimentation.
- La QUALITÉ et la QUANTITÉ jouent un grand rôle dans la prise de poids.
- Si vous faites attention à la QUALITÉ et à la QUANTITÉ de ce que vous mangez en y ajoutant un conditionnement physique modéré, le fait de cesser de fumer ne vous fera pas prendre du poids. Si les gens prennent du poids, c'est qu'ils remplacent l'habitude de fumer par l'habitude de grignoter. C'est aussi parce que le fait d'arrêter de fumer redonne aux papilles gustatives le vrai goût des aliments!

On est donc porté à manger plus parce que l'on trouve le goût meilleur.

- Si vous mangez normalement, de façon équilibrée, il n'y a pas de raison que vous preniez du poids, surtout si vous faites un peu d'exercice. Des études scientifiques l'ont démontré.
- Au Québec, le groupe « Effiscience » a développé, avec Robert W. Talbot, une approche basée sur la *psycho-cybernétique* pour aider les gens à perdre du poids après avoir cessé de fumer.

AUJOURD'HUI :

Prévoir l'achat dans les prochains jours :

- **Vitamine C : 500 mg**. À prendre une fois par jour au petit déjeuner. Parlez-en à votre médecin ou à un pharmacien.
  1. **Pourquoi** ? On sait que la nicotine est un excitant naturel. Sans cet excitant, une impression d'état dépressif peut s'emparer de nombreux ex-fumeurs. **La vitamine C sera votre « nouveau démarreur » le matin** pour remplacer la nicotine.
  2. Évitez de prendre la vitamine C après midi afin de ne pas nuire à votre sommeil du soir.
  3. Dans trois ou quatre mois, commencez à diminuer la dose en la maintenant à 100 mg par jour aussi longtemps que le besoin s'en fera sentir. De toute façon, l'organisme éliminera de lui-même l'excès d'apport en vitamine C.

- **Lécithine naturelle de soya : 100 mg**. À prendre une fois par jour au petit déjeuner **pendant une période de 3 à 4 mois.** Parlez-en à votre médecin ou à un pharmacien. Dans leur livre « L'incroyable aventure du cerveau », Ornstein et Thompson, deux Lauréats de Prix Nobel, nous apprennent que la lécithine est l'un des ingrédients essentiels à l'interconnexion des synapses qui contribue à atténuer ou éliminer l'effet « dépressif » dû au sevrage tabagique.

Vous devez continuer toute votre vie à prendre de la lécithine tous les jours. Certains ingrédients en contiennent, tels certains chocolats noirs de marques bien connues.

RECOMMANDATIONS ALIMENTAIRES

La cigarette (ou toute autre forme de tabac) affecte l'état nutritionnel de la personne qui fume. Ainsi, par exemple, entre deux personnes qui attendent un repas le midi, celle qui fume stimule son estomac artificiellement et masque temporairement son envie de fumer ou de manger.

Il est intéressant de noter cependant que les aliments peuvent jouer un rôle réparateur de certains dommages causés à votre organisme par le tabac. C'est le cas notamment des aliments riches en éléments nutritifs identifiés « antioxydants ».

On retrouve dans cette catégorie :

- La **vitamine C**
- La bêta carotène
- Le sélénium
- La vitamine A

- La vitamine E
- **Lécithine** naturelle de soja.

Les vitamines C et E sont reconnues comme des agents puissants pouvant réduire le processus de peroxydation causé par la nicotine. Comme il est préférable de consommer ces substances sous forme d'aliments naturels plutôt que sous forme de suppléments, à cause de l'équilibre à maintenir entre les éléments nutritifs, nous avons prévu quelques achats qui prennent ces facteurs en considération.

Les aliments qui renferment le plus d'antioxydants sont les fruits et les légumes de couleur jaune (ou orange foncé) et vert foncé. Notez qu'ils occupent une place de choix dans les menus que nous vous proposons et qui respectent les normes de Santé.

Puisque l'arrêt du tabac risque d'amener certaines personnes à prendre du **poids** involontairement, voici **quelques conseils à mettre en pratique :**

1. Achetez des gélules de lécithine naturelle de soja.
2. Apprenez à reconnaître vos signaux de faim et de satiété. En mangeant lentement et en prenant bien soin de mastiquer et déguster, vous serez plus conscient du moment où vous cessez de ressentir la faim et ainsi arrêter avant d'abuser.
3. Si vous sortez de table en ayant l'impression que votre estomac est lourd et surchargé, c'est probablement un signe que vous avez trop mangé. Apprenez alors à ajuster les portions en fonction de votre vraie faim.
4. Pour combler un creux d'estomac entre les repas, gardez à la portée de la main des radis ou du céleri. Vous pouvez en consommer à souhait pour calmer l'appétit.

5. Pour combler votre appétit, accordez la préférence aux fruits et légumes ainsi qu'aux produits céréaliers (riz, pâtes, céréales). Contrairement à une croyance répandue, ces derniers ne font pas grossir, à moins qu'ils soient alourdis par des matières grasses. En fait, les produits céréaliers, source de glucides complexes, contribuent de façon importante à notre satiété. Ils nous empêchent de rester sur notre faim et de nous rabattre sur d'autres aliments plus caloriques.

6. **Les aliments riches en fibres** contribuent à combler notre appétit et favorisent l'élimination des déchets de l'organisme. Nous vous invitons à rechercher des aliments riches en fibres, comme les produits céréaliers à grains entiers, les fruits, les légumes et les légumineuses. Exemple : le matin au petit déjeuner, prenez un plat de céréales riches en fibres et faibles en calories. Elles permettent de régulariser les intestins. Car le seul effet secondaire direct causé par l'arrêt tabagique est le risque de constipation. En prenant des céréales, vous réglez ce problème. De plus, les aliments riches en fibres contribuent selon certains savants à atténuer certains risques de cancer.

7. Prenez l'habitude d'une pause-santé le matin et l'après-midi. Sortez lorsque c'est possible. Apportez des collations vitaminées : fruits, crudités, céréales sèches.

8. Buvez beaucoup de liquide entre les repas : eau, eau minérale, tisanes, jus de légumes et jus de fruits avec modération car ils contiennent des sucres.

9. Ajoutez le moins possible de matières grasses à vos aliments : beurre, margarine, mayonnaise, huile et vinaigrette.

10. Soyez conscient que le café, le thé et les colas sont riches en caféine et sont des stimulants souvent associés aux habitudes tabagiques. Ensuite, conservez une « image de soi » en prenant un café sans fumer en tout temps.

11. Toujours garder un verre d'eau à la portée de la main. Si le goût de fumer refait surface, c'est la première chose à faire : boire de l'eau.

12. NOTE IMPORTANTE : Il est recommandé de prendre un rendez-vous chez un dentiste dans les jours suivant le sevrage pour un nettoyage en profondeur des dents afin d'éliminer la nicotine incrustée dans le tartre des dents. C'est le seul endroit où il est susceptible de rester des traces de nicotine après 72 heures. En éliminant par vous-même ou avec un traitement dentaire ce tartre et cette nicotine, vous facilitez le processus de sevrage tout en diminuant les envies subites de fumer. Compte tenu que la nicotine joue un rôle important dans la progression de la carie dentaire, cet exercice d'hygiène s'ajoute aux effets positifs associés à l'effet tabagique. De plus, pour combattre la mauvaise haleine des premiers jours de sevrage, utilisez un rince-bouche plusieurs fois par jour.

EXEMPLES DE MENUS POUR UNE ALIMENTATION ÉQUILIBRÉE

AUJOURD'HUI :

Nous approchons du jour 0, d'où l'importance d'appliquer du mieux que vous le pouvez les points suivants :

- *Je prépare le choix de mon épicerie en fonction du jour 0.*
- *Je pratique la technique « 1, 2, 3, » intérieurement « **NON MERCI** » à voix haute.*
- *Je pratique, quand cela me convient, la respiration abdominale en prévision du jour 0.*
- *Je choisis une méthode de relaxation.*
- *Si je le peux, je commence à faire du conditionnement physique aérobic.*
- *Je continue à me visualiser dans toutes les situations comme non-fumeur.*
- *J'applique le 1, 2, 3, le plus souvent possible, surtout en éteignant chaque cigarette.*
- *Je fais l'exercice des cercles concentriques.*
- *Je colle l'étiquette n°4.*

Menus « C'est fini! » pour vous aider à perdre du poids lorsque vous cessez de fumer

Le petit-déjeuner est un repas important pour bien commencer la journée, surtout lorsque vous arrêtez de fumer.

JOUR	Exemples de déjeuner	JOUR	Exemples de déjeuner
1	• Fruits ou jus de fruits sans sucre avec pulpe • Gruau nature, lait écrémé, fructose ou confiture sans sucre • Pain complet • Café décaféiné, tisane, lait	2	• Fruits (orange) ou jus de fruits sans sucre avec pulpe • Pain complet grillé • Yogourt nature sans sucre à 1% de matière grasse • Confiture ou compote sans sucre • Café décaféiné, tisane, lait
3	• Fruits ou jus de fruits sans sucre avec pulpe • Yogourt nature sans sucre à 1% de matière grasse • Pain complet avec fromage 1% de matière grasse • Café décaféiné, tisane, lait	4	• Fruits (kiwis) ou jus de fruits sans sucre avec pulpe • Pain complet • Fromage 0,1% • Café décaféiné, tisane, lait

JOUR	Exemples de déjeuner	JOUR	Exemples de déjeuner
5	• Fruits (clémentines) ou jus de fruits sans sucre avec pulpe • Pain complet et compote de pommes sans sucre • Café décaféiné, tisane, lait	6	• Fruits ou jus de fruits sans sucre avec pulpe • Œuf et jambon ou bacon • Laitue et tomate • Huile d'olive pression à froid • Café décaféiné, tisane, lait
7	• Fruits (pamplemousses) ou jus de fruits sans sucre avec pulpe • Céréales « All Bran » (sans sucre) avec ou sans fructose • Lait écrémé, pain complet avec confiture sans sucre		

JOUR 4

Exemples de repas conseillés

JOUR	MIDI	SOIR
1	• Salade de tomates • Omelette au fromage • Pomme au four à la cannelle	• Salade césar (sans croûtons) • Poisson au choix • Chou-fleur • Yogourt sans sucre • Fruit en conserve sans sucre
2	• Crème d'asperges • Poulet grillé • Brocoli, fromage • Yogourt sans sucre aux petits fruits	• Salade de carottes • Lentilles ou pois chiches sur riz brun • Légumes variés • Mousse aux fruits
3	• Salade césar (sans croûtons) • Poisson au choix • Épinards ou choux de Bruxelles • Compote de pommes sans sucre • Lait écrémé	• Consommé de poulet dégraissé • Bœuf haché maigre • Légumes verts • asperges ou fèves • Yogourt sans sucre aux petits fruits

JOUR	MIDI	SOIR
4	• Salade au choix • Filet mignon • Champignons persillés au parmesan • Sorbet aux fruits	• Soupe de tomates • Riz Basmati et fèves rouges • Yogourt sans sucre aux petits fruits
5	• Carottes râpées • Côtelettes de porc • Courgettes • Compote de pommes sans sucre • Lait écrémé	• Crème de légumes (sans pommes de terre ni farine) • Poulet grillé • Brocoli et chou-fleur gratinés • Poires farcies aux framboises et cannelle
6	• Crudités et vinaigrette • Poisson au choix • Légumes verts • Yogourt aux petits fruits	• Omelette au jambon et légumes • Salade verte • Pêches en conserve sans sucre et fromage cottage
7	• Salade de crevettes • Veau ou boeuf haché • Haricots verts • Fruits	• Soupe aux légumes • Pâtes alimentaires intégrales, au choix avec sauce aux légumes, tofu ou lentilles sans viande • Carré aux dattes sans gras • Lait écrémé

Tous les repas peuvent être accompagnés d'une salade. Breuvage : eau, lait, tisane, thé, café.

Quelques trucs pour vous aider à perdre du poids

- Fixez-vous des objectifs journaliers sur vos nouvelles habitudes alimentaires.
- Récompensez-vous lorsque vous atteignez vos objectifs, mais pas en mangeant. Imaginez la silhouette harmonieuse que vous aurez prochainement.
- Pratiquez-vous mentalement à faire face aux situations problématiques. Pensez à comment vous refuserez poliment un morceau de gâteau. Pensez à votre prochaine visite chez vos parents ou dans la parenté, à ceux qui vous disent combien vous avez l'air maigre et qui essaient de vous bourrer. Imaginez comment vous refuserez les aliments indésirables, malgré leurs protestations.
- Par-dessus tout, si vous flanchez une journée, ne prenez pas cela de façon catastrophique. Ne prenez pas cela comme un échec total pour ensuite vous empiffrer. Remarquez plutôt la tendance de la semaine, pas seulement celle de la journée et reprenez vos stratégies le lendemain. On doit renforcer le comportement désiré. Pourquoi vous culpabiliser pour rien? Accomplissez des activités agréables, telles qu'aller au cinéma, faire une promenade ou lire un nouveau roman, fixez-vous des buts quotidiens raisonnables. Mettez un dollar ou un euro de côté pour l'achat d'un caméscope ou pour des vacances chaque jour où vous suivez la méthode sans écart.

- Augmentez votre conscience des raisons à long terme qui vous poussent à changer votre alimentation. Inventez une imagerie agréable reliée au comportement désiré. Lorsque vous atteignez le but visé dans votre comportement, fantasmez sur le fait que vous êtes extraordinaire. Imaginez que vos amis ou vos parents vous félicitent. Imaginez la beauté que vous projetez.

- Planifiez votre repas avant d’entrer au restaurant et évitez de lorgner le menu rempli de suggestions tentantes. Gardez l’œil sur votre assiette et non pas sur le somptueux mets de la table voisine (dites-vous que votre salade ou votre assiette paraît probablement plus verte à celle de vos voisins).

- Faites vos courses avec une liste préparée d’avance. Une fois au supermarché, soyez rapide et allez-y de préférence après un repas, lorsque vous n’avez plus faim.

- Pesez-vous régulièrement.

- Apprenez à vous relaxer, à vous détendre et à reléguer une partie des tâches quotidiennes ou hebdomadaires dont vous avez peut-être héritées, qu’on vous a déléguées ou que vous avez acceptées d’assumer sans le désirer. Le partage des tâches est une responsabilité qui incombe à tous ceux qui vivent sous un même toit.

- En conclusion, assurez-vous d’être toujours bien dans votre tête pour mieux contrôler votre corps.

Le vin

Le vin (rouge de préférence) est un aliment à part entière, bénéfique pour la santé (en deçà de la dose raisonnable d'un demi-litre par jour).

De nombreuses études ont montré que les pays où l'on buvait du vin avaient un taux de décès par maladies cardio-vasculaires inférieur aux autres.

Même s'il y a d'autres facteurs alimentaires qui expliquent cette différence, on sait aujourd'hui que le vin est plutôt bénéfique dans ce domaine. On a pu en effet démontrer que l'alcool de fermentation, correspondant à une consommation maximale de 30g par jour, soit l'équivalent d'une demi-bouteille, favorise la baisse du cholestérol sanguin total et augmente le « bon cholestérol » (HDL-cholestérol).

Outre l'effet bénéfique de l'alcool en petite quantité, le vin contient aussi des polyphénols (flavonoïdes, anthocyanes, tanins) qui ont un rôle de protection vasculaire, une action antioxydante (lutte contre les radicaux libres, responsables du vieillissement et favorisant certains cancers), des propriétés antihistaminiques, un effet préventif de la cataracte, une action antivirale, antibactérienne et antifongique.

À retenir : il est conseillé de boire un à deux verres par jour d'un bon vin rouge riche en tanin, mais pas plus.

Le stress fait-il grossir?

Il n'y a pas si longtemps, on se moquait des gens qui disaient : « J'engraisse quand je suis nerveux ». On croyait que ce n'était qu'une excuse loufoque. On sait maintenant que c'est bien vrai : les femmes stressées de façon chronique et qui n'ont pas trouvé de façon d'évacuer leurs tensions ont effectivement tendance à avoir une accumulation de gras à l'abdomen, aux hanches et aux cuisses.

Certes, une partie de cet embonpoint est liée à l'alimentation. Lorsqu'on est stressé, on cherche un réconfort dans la nourriture. Ce phénomène de compensation vient souvent de la toute petite enfance : lorsqu'on avait bien mangé, on se sentait en sécurité. Une petite caresse de maman et on faisait un beau gros dodo.

Il semblerait qu'en période de stress, les personnes sujettes à un excès de poids autour de la taille, des hanches et des cuisses sécrèteraient en plus grande quantité que la moyenne une hormone appelée cortisol. Cette hormone favorise l'accumulation de gras autour de l'abdomen car les tissus sont plus réceptifs à cet endroit.

La solution consiste donc à trouver des moyens de contrôler la tension et la nervosité. On peut y arriver par la méditation ou par l'exercice physique; certaines thérapies peuvent aussi aider à évacuer stress, déceptions et chagrins.

Jour 3

AUJOURD'HUI...

Je sais que la drogue « nicotine » a la particularité d'être mortelle. Elle tue le fumeur à petit feu selon l'importance de sa consommation et elle peut tuer instantanément lorsqu'elle est injectée directement dans une veine. L'aspect positif pour le fumeur est d'apprendre que cette drogue a aussi la particularité de s'éliminer rapidement de l'organisme dès que quelqu'un cesse de fumer.

Quarante-huit heures après avoir cessé de fumer, il ne reste plus de traces de cette drogue dans l'organisme (sauf dans le tartre des dents), surtout si vous suivez les conseils alimentaires de désintoxication déjà prescrits. Après ce laps de temps, ***la dépendance est psychologique.*** Or vous êtes maintenant bien armé pour l'affronter.

Saviez-vous que votre santé va s'améliorer sur tous les plans (poumons, cœur, foie, reins, circulation sanguine, santé mentale, etc.) tout simplement en appliquant cette méthode comme il se doit ?

Des études ont démontré que 24 heures après avoir cessé de fumer, vous avez diminué de moitié les possibilités de faire un infarctus causé par le tabac.

En cessant de fumer, vous jouez GAGNANT sur tous les plans.

AUJOURD'HUI :

Nous sommes près du jour 0.

- *Je pratique le « 1, 2, 3, » intérieurement suivi de «* ***NON MERCI*** *» à haute voix.*
- *Je pratique, quand cela me convient, la respiration abdominale en prévision du jour 0.*
- *Je pratique un conditionnement physique aérobic si possible.*
- *Je continue à me visualiser dans toutes les situations comme non-fumeur.*
- *J'applique le 1, 2, 3, le plus souvent possible, surtout en éteignant chaque cigarette.*
- *Je fais l'exercice des cercles concentriques.*
- *Je colle l'étiquette n°3.*

Jour 2

AUJOURD'HUI…

La dépendance psychologique

Soyez conscient que le jour où vous cesserez de fumer, vos communications se feront sans le masque de la fumée. Il devient alors important d'apprendre à exprimer ses émotions.

Je note ci-dessous les émotions (craintes et joies) que je ressens à devenir non-fumeur :

1. ______________________________

   ____

2. ______________________________

   ____

3. ______________________________

   ____

Il est possible d'apprendre à exprimer ses émotions sans agressivité au jour le jour. Il existe une « Boîte à outils » de la communication à cet effet. Vous n'avez qu'à consulter le site « www.new-management.org » dans la rubrique « Tests Informatisés/Communication ».

Aujourd'hui, je fais l'exercice suivant au moins trois fois dans la journée, et plus si je le désire :

- *Je note l'heure à laquelle je me préparais à allumer une cigarette.*
- *Je retarde cette cigarette pendant vingt minutes.*
    - *Je note trois situations où il sera peut-être plus difficile pour moi de ne pas fumer :* ____________________

      ____

      ____

      ____

      ____

      ____
    - *Je trouve moi-même de vraies solutions liées directement à ces situations pour me prémunir psychologiquement et comment je prévois réagir dans chacune de ces situations :* ____________________

      ____

      ____

      ____

      ____

      ____

Je me sensibilise en sachant qu'une personne avertie en vaut deux et je me sens plus confiant.

Car le seul fait d'avoir identifié ces situations, de les avoir reconnues et nommées honnêtement me rendra la tâche beaucoup plus facile le moment venu, tant sur le plan psychologique que sur le plan physique.

AUJOURD'HUI :

Nous nous rapprochons du but.

- *Je pratique le « 1, 2, 3, » intérieurement suivi de «* ***NON MERCI*** *» à haute voix.*
- *Je pratique, quand cela me convient, la respiration abdominale en prévision du jour 0.*
- *Je choisis une méthode de relaxation.*
- *Je pratique un conditionnement physique aérobic.*
- *Je continue à me visualiser dans toutes les situations comme non-fumeur.*
- *J'applique le 1, 2, 3, le plus souvent possible, surtout en éteignant chaque cigarette.*
- *Je fais l'exercice des cercles concentriques.*
- *Je colle l'étiquette n°2.*

Jour 1

AUJOURD'HUI…

Je parcours rapidement et sommairement les jours précédents, question de me rafraîchir la mémoire sur les investissements que je viens de faire pour m'aider à cesser de fumer, en me rappelant que je suis le seul à pouvoir le faire. ***Personne d'autre ne peut le faire à ma place.*** *Bien d'autres personnes vont même m'inciter à recommencer. Je suis maintenant bien armé pour réussir cette belle victoire sur moi-même.*

Aujourd'hui,

Je prévois qu'avant MINUIT, j'aurai jeté mes cigarettes à la poubelle ou aux toilettes.

J'élimine les cendriers et autres accessoires du fumeur.

J'aère les pièces de façon à éliminer l'odeur de la fumée de tabac pour éviter ainsi le goût subit du tabac.

Je sais qu'en vivant un jour à la fois, je vais y arriver. Tout le monde peut porter le fardeau d'une journée à la fois; personne ne peut porter le fardeau de toute une vie en une seule journée.

Saviez-vous que…

Après les trois premières journées de sevrage, vous aurez surmonté les principaux obstacles? Parmi les personnes qui recommencent, plus de 90% le font au moment où elles avaient franchi la quasi-totalité des obstacles possibles? Qu'elles ont abandonné tout près de l'objectif et du but à atteindre?

DEMAIN MATIN : levez-vous 15 minutes plus tôt que d'habitude pour appliquer les trucs du jour 0 dès votre lever. Ces trucs vont vous faciliter grandement la tâche!

AUJOURD'HUI :

- *Appliquer le « 1, 2, 3, » intérieurement suivi du « **NON MERCI** » à haute voix.*
- *Je pratique, quand cela me convient, la respiration abdominale en prévision du jour 0.*
- *Je pratique la relaxation.*
- *Je fais du conditionnement physique aérobic si je le peux.*
- *Je me visualise comme non-fumeur.*
- *J'applique la technique du 1, 2, 3, le plus souvent possible, surtout en éteignant chaque cigarette.*
- *Puis... :*
- *C'est ma dernière. Je maintiendrai cette décision si importante pour MOI.*
- *Je colle l'étiquette n°1.*

C'est GÉNIAL
Je suis devenu un ex-fumeur !

Continuez à être à l'écoute de votre corps et de votre santé physique, santé psychologique, santé physiologique, santé financière. Cesser de fumer constitue le plus grand pas qui soit vers une meilleure hygiène de vie. Vous passez à l'action d'une décision qui démontre que vous vous aimez assez maintenant pour vivre sans cela et que vous vous aimerez davantage chaque jour, un jour à la fois, pour vous sentir de mieux en mieux.

Jour 0

AUJOURD'HUI…

C'est le jour « SANTÉ À L'ŒUVRE ».

C'est le jour de la plus grande décision de votre vie.

Prenez le temps de lire le jour 0 au complet, même s'il est un peu plus long à lire.

1. *Je bois un verre d'eau au lever.*
2. *Je me brosse les dents au lever.*
3. *J'utilise un rince-bouche et je l'apporte avec moi au travail.*
4. *Je prends une douche pour mon bien-être.*
5. *Je prends un petit-déjeuner avec les conseils alimentaires.*
6. *Je mets en application ce qui suit ci-dessous chaque fois que l'envie de fumer revient. Cette « envie subit de fumer » se nomme « **flashback** ». Le manque de nicotine éveille votre cerveau pour lui demander sa « dose ».*

   Je dois savoir que chaque fois que je résiste, je contribue à en diminuer l'intensité et à en espacer le besoin.

➤ Étape 1 :

- *Je commence par prendre une ou deux respirations abdominales suivies d'un verre d'eau.*
- *Je note le moment en essayant de m'expliquer pourquoi j'ai eu ce flashback : stress lié à une réunion, présence d'une ou de personnes qui me stressent, situation qui m'énerve ou m'ennuie, etc.*
- *Je me rappelle que chaque fois que je pratique mes exercices, j'aide mon organisme à se désintoxiquer, puis à se dominer et à se maîtriser.*

➤ Étape 2 :

- *Si le besoin devient trop grand après avoir pratiqué cela, j'utilise l'inhalateur ou une pastille sans sucre qui fond dans la bouche le temps d'une cigarette.*

➤ Étape 3 :

- En tout temps, assurez-vous de pouvoir téléphoner à la personne de confiance à qui vous avez remis la lettre.
- En tout temps, ayez un objet disponible sur vous que vous pouvez garder dans vos mains lorsque vous vous retrouvez en groupe : un stylo, un porte-clés, etc.
- Placez l'étiquette A dans un endroit où vous la verrez plusieurs fois par jour, le plus souvent possible, en s'assurant qu'elle se décolle bien par la suite : miroir, coin de l'ordinateur, etc.
- Autres trucs :
    - Verre d'eau
    - Verre de lait

- o Jus de pamplemousse
- o Respirations 7-2-8 : inspirer 7 secondes, garder 2 secondes, expirer 8 secondes.
- o Marche de santé
- o Relaxation
- o Changer d'activité
- o Exprimer mes émotions
- o Cure-dent à la bouche
- o Bâton de cannelle

INHALATEUR

Imaginons la scène suivante.

Un fumeur arrive à la maison après une dure journée de labeur. En sortant de son auto, il pense à s'allumer une cigarette. Il la prépare en désirant l'allumer dans la maison. En entrant dans la maison, il sent une odeur de tartes aux pommes. « Hum, que ça sent bon! » … et momentanément, il oublie son « flashback », c'est-à-dire son envie subit de fumer. **C'est le BUT de l'inhalateur : un outil de plus pour vous aider à vaincre les « flashback ».**

Chaque fois que l'envie de fumer vous prend, utilisez-le.

- **Il est sans effets secondaires négatifs.**
- **Il n'offre que des effets secondaires positifs.**
- Il est composé d'huile essentielle de sapin, de pin, ou d'une huile essentielle calmante.
- Selon une étude scientifique du Laboratoire La Sève, il possède des propriétés antiseptiques, antiparasitaires

et expectorantes. Cette dernière propriété est importante pour l'ex-fumeur.

- Il est aussi recommandé lors d'une grippe ou d'un rhume, car l'arôme qu'il dégage facilite une bonne nuit de sommeil.

Les neurologues Ornstein et Thompson expliquent dans leur livre « L'incroyable aventure du cerveau » comment certains ingrédients naturels peuvent agir comme stimuli (sciences du comportement) pour détourner l'attention de quelqu'un dans une situation donnée.

Cet inhalateur est simple, facile à utiliser et sans prétention thérapeutique. Il peut même être utilisé lorsque la faim vous tenaille.

PENSÉE POSITIVE RÉALISTE

Si on vous avait annoncé : « Une équipe de chercheurs vient de mettre au point un VACCIN contre les effets meurtriers du tabac », quelle aurait été votre réaction? Vous auriez probablement été parmi les millions de personnes qui auraient sollicité ce vaccin auprès de leur médecin, dès le lendemain de l'annonce.

Et pourtant, ce vaccin existe. C'est celui que vous venez de vous administrer : VOTRE DÉCISION… LA BONNE!

Félicitez-vous d'avoir pris cette BONNE DÉCISION.

LÉGERS INCONVÉNIENTS

Important : l'avis de votre médecin a prédominance sur tous les conseils énumérés ci-dessous.

Voici les quelques inconvénients qui peuvent surgir MOMENTANÉMENT durant la période de sevrage et les conseils qui les accompagnent :

Maux de tête : durant les deux premiers jours suivant l'abandon du tabac, il est possible, mais peu probable, que vous ayez des maux de tête causés par la désintoxication. **Ce sont des cas d'exception**. Ces maux de tête peuvent durer de trois à dix-huit heures. Voici ce que nous vous suggérons de faire :

- Pratiquer la détente couchée, pieds sur la chaise
- Prendre des bains de détente
- Faire une marche et respirer l'air frais
- Boire beaucoup d'eau
- Si les maux de tête persistent, essayer une aspirine.

Irritations : certaines personnes développent rapidement de légères irritations au contact de la fumée (les yeux pleurent, le nez coule, etc.). C'est normal, car lorsqu'on ne fume plus, on devient plus sensible à la fumée des autres.

Mauvaise haleine : la mauvaise haleine est passagère. Un brossage de dents plus fréquent et un gargarisme ou des pastilles « Sapino » peuvent l'atténuer.

Nervosité : cette nervosité est normale, passagère, d'ordre physique et psychologique. L'absence de nicotine en est une des causes. Si elle s'accentue :

- Trouver un endroit calme
- Faire des respirations abdominales
- Boire un grand verre d'eau
- Si cette nervosité est causée par quelqu'un, éviter cette personne ou tout simplement décider de communiquer positivement avec elle pour diminuer la tension.

Mains vides : la sensation d'avoir les mains vides est psychologiquement lourde à porter pour certaines personnes. Choisissez un objet que vous pouvez garder à la main : stylo, portable, porte clés, etc.

Sommeil : chez certaines personnes, des envies de dormir (même au travail) pourront se manifester les premiers jours, le temps de permettre à votre organisme de se réadapter à vivre sans sa drogue et son poison excitant : la nicotine. Si cela arrive :

- Faire une relaxation d'une dizaine de minutes
- Prendre une pastille « Sapino ».

Insomnie : c'est très rare, mais certaines personnes nous ont mentionné qu'elles avaient eu de la difficulté à dormir. Essayez d'éviter les somnifères.

- Prendre un bain d'eau chaude
- Boire une infusion de tilleul
- Prendre une gélule de « gomme de sapin baumier ».

Intestins : c'est un effet reconnu au sevrage du tabac : une légère constipation qui se manifeste pendant quelques jours. D'excellents moyens pour régler cela sont les suivants :

- Commencez votre journée par un grand verre d'eau et buvez souvent de petites quantités durant la journée

- o Au petit déjeuner, mangez tous les jours des céréales avec fibres.

Réflexe : cultivez le réflexe du 1, 2, 3, « **NON MERCI** », il pourra vous sauver la vie.

Alcool : soyez DOUBLEMENT VIGILANT pour les sept prochains jours. Si vous allez à une soirée où il y a de l'alcool :

- o Rappelez-vous que la même quantité d'alcool à laquelle vous étiez habitué aura un effet trois fois supérieur. Prudence si vous conduisez.
- o Si vous le pouvez, consommez peu ou pas d'alcool pendant la première semaine et soyez conscient que l'alcool diminue la volonté. Si quelqu'un vous offre une cigarette, c'est le temps d'utiliser le 1, 2, 3, « **NON MERCI** ».

Dès AUJOURD'HUI…

1. **Dans les jours qui suivent, collez chaque jour à un endroit propice (en vous assurant qu'elle se décolle bien) l'étiquette de la journée A et les suivantes de façon à ce que vous puissiez la lire souvent dans la journée.**
2. **Appliquez le 1, 2, 3, « NON MERCI ».**
3. **Pour renforcer VOTRE DÉCISION, nous vous encourageons à lire une phrase de « Saviez-vous que… » par jour ou à votre rythme.**

Référence : PARADIS, France, Dr, M.S.C,; VÉZINA, Michel, M. Ps.; Psychologue : « Le counseling médical dans l'arrêt tabagique »; des minutes plus rentables; Les Éditions Papyrus, 1994.

Saviez-vous que ...

Saviez-vous que les effets négatifs liés au tabagisme sont presque tous réversibles à court terme ou à long terme.

Réversibilité à COURT TERME (quelques jours ou quelques semaines) :

- Il suffira de 20 minutes pour que votre tension artérielle et la fréquence cardiaque recommencent à trouver leur niveau normal.
- Après 8 heures, le niveau de carboxyhémoglobine (CO-Hb) retrouve son niveau normal.
- En moins de 24 heures, des effets positifs sur les facteurs de coagulation sont observés.
- En moins de 24 heures, des effets positifs liés au spasme des artères coronaires sont observés.
- En moins de 24 heures, des effets positifs sur le risque d'arythmie ventriculaire sont observés.

Réversibilité à LONG TERME (possible)

- Arrêt du développement de l'athérosclérose causée par :
    - la prolifération du muscle lisse
    - le dépôt de lipides dans l'intima artérielle
- Après un an, le risque de maladie cardiovasculaire diminue de 50%.

- La cessation tabagique apporte des bénéfices majeurs et immédiats aux femmes et aux hommes de tout âge.

Saviez-vous que le tabagisme est une habitude apprise. Nous savons que plus un comportement est répété, plus il devient automatique. Dans le cas du fumeur qui consomme de 20 à 25 cigarettes par jour, le geste d'inhaler sera répété plus d'un million de fois en 10 ans.

Saviez-vous que plus de 65 % des rechutes se produisent lorsque le fumeur vit un stress. Le risque de rechute diminue lorsque le fumeur s'accorde des récompenses avec l'économie réalisée.

Saviez-vous que 80% des hommes qui demandent, en consultation chez un psy, une aide pour cesser de fumer, révèlent qu'il y a une association directe entre de fait de fumer et leur impuissance sexuelle ou le syndrome de l'éjaculation précoce.

Cette étude est confirmée par celle du Dr Robert Krane, chef du département urologique du centre médical de l'Université de Boston, rapport publié dans le journal de l'épidémiologie, mentionnant que les fumeurs encourent 50% de risques supplémentaires d'être touchés par l'impuissance.

Saviez-vous que depuis plus d'un an, les approches de traitement des addictions comme celle du tabagisme doivent être reconsidérées au vu des nouvelles hypothèses sur les mécanismes de la dépendance. En effet, à côté du messager incriminé que constitue la dopamine libérée par toutes les drogues mais en quantité variable (beaucoup pour les amphétamines et peu pour l'héroïne) sans que cela influence effectivement le niveau d'addiction, d'autres médiateurs, noradrénaline et sérotonine semblent se distinguer pour intervenir dans le processus d'addiction.

Le lien ou couplage entre ces deux médiateurs est interrompu, ce qui rend le sujet hypersensible à l'environnement. La drogue devient le seul moyen pour rétablir ce couplage et pour supporter de vivre. D'autres traitements vont pouvoir surgir de ces nouvelles constatations, des traitements demandant l'adhésion complète du malade et tendant surtout à modifier la façon de vivre sa vie et à éviter le jeu compulsif du recours à plusieurs drogues. En évitant de poursuivre la consommation de tabac, le patient renforce sa conviction d'éviter de toucher aux autres drogues dérivées.

Toute méthode qui tend à réduire l'usage du tabac ou à l'arrêter définitivement ou temporairement, est appréciable car elle permet d'éviter, pour les adolescents et d'autres personnes, de s'engouffrer vers une polyconsommation ou une hyperconsommation, des dérivés du tabac ou d'autres drogues.

La société actuelle est marquée par l'addiction au tabac, mais aussi à ses dérivés et aux autres drogues, dès le jeune âge. Les sujets attirés par le tabac et ses dérivés ont des motifs divers qui varient d'autant plus que survenant dans des pays marqués par des différences de culture, d'éducation, de systèmes de santé et d'environnement.

La légitimité des méthodes proposées, ici avec « **C'est fini!** », s'apprécie aux résultats mais demandent surtout que les personnes aient déjà planifié d'arrêter leur tabagisme et aient fait le choix libre d'un mode de vie sans drogue. De plus, toute méthode proposée doit pouvoir permettre un accompagnement à l'arrêt du tabac, individuel et personnalisé.

Dans les cas où la dépendance, évaluée avec le Test de Fagerström, est trop élevée, l'accompagnement par entretiens ou par traitements médicaux doit être recommandé et adopté.»

Dr Pierre Birkui, Cardiologue, Tabacologue, février 2010
Membre d'Associations Françaises en prévention tabagique
envers les adolescents et pour l'aide au sevrage tabagique à Paris.

Lettre à un(e) ami(e) aidant(e)

Félicitations! Vous avez été choisi(e) par une personne qui fume pour la supporter dans sa démarche pour cesser de fumer. Vous êtes quelqu'un en qui elle a **confiance**. Il suffit de se rappeler que certaines personnes ont plus de difficulté que d'autres à quitter cette mauvaise habitude. Si tel devenait le cas pour la personne qui vous a choisi(e), vous pourrez devenir une aide précieuse pour elle. Il se peut que cette ex-fumeuse ou ex-fumeur sollicite votre aide dans les jours suivant le sevrage. Pour mieux venir en aide à cette personne, nous avons pensé vous soumettre quelques idées :

- Développer une attitude d'attention et **d'écoute active dans le plaisir et la sérénité**. Le seul fait d'être à l'écoute de l'autre lui permettra de libérer une bonne partie de son stress.
- Dans chacun des entretiens, n'hésitez pas à signifier à l'autre que vous êtes avec lui ou elle pour l'aider à surmonter les obstacles passagers.
- Établir clairement avec cette personne vos DISPONIBILITÉS : quelles sont les plages horaires où elle peut vous téléphoner ou vous rencontrer.
- Lorsque c'est possible, lui offrir cette disponibilité pour faire des activités avec elle : cinéma, vidéo maison, spectacle, marche, sport ou toute autre activité qui permet de se « changer les idées » en la ramenant à la capacité de surmonter les obstacles UN JOUR À LA FOIS.

- Valoriser les journées réussies.
- Lui faire savoir que chaque journée la rapproche de son objectif.

À ÉVITER

- Les excès d'attention : il lui appartient de vous signifier son niveau d'aide.
- Les reproches, si la personne succombe. Au contraire, il faut lui faire voir le chemin parcouru et l'inviter à reprendre la route de non-fumeur, dès qu'elle se sentira prête à nouveau.
- Toute forme d'autoritarisme. Vous êtes solidaire avec cette personne. C'est une bonne connaissance ou un(e) ami(e) puisque vous avez été choisi(e). Pas question de perdre un(e) ami(e) dans une telle situation.

RÉSUMÉ

SOYEZ attentif à l'autre.

SOYEZ à son ÉCOUTE.

Cette personne vous en sera reconnaissante TOUTE SA VIE. Nous vous remercions, au nom de toute l'équipe de « C'est fini! », d'avoir contribué activement à ce programme de « vie sans fumée ».

À propos de l'auteur...

Robert W. Talbot, Doctorat (1989), spécialiste en sciences du comportement, est un ex-fumeur de 2 paquets de cigarettes par jour. Au début des années 1970, il échoue 5 fois dans ses tentatives pour cesser de fumer. Lorsqu'il va étudier aux Etats-Unis, il utilise les données de l'ordinateur de l'Université de Bloomington en Indiana pour se donner les moyens de cesser de fumer.

Il a cessé de fumer définitivement en 1974 en appliquant lui-même cette méthode qu'il a mis au point et perfectionné par la suite, en se basant sur les sciences du comportement.

« On ne vient pas au monde en fumant. Fumer est une habitude acquise (comportement). En se donnant les moyens appropriés, on peut renverser le processus pour se libérer de cette habitude ».

Cette méthode est par la suite expérimentée auprès de dizaines de groupes sous forme de formations. Les résultats s'avèrent concluants. Les taux de succès de « **C'est fini!** » sont supérieurs à tous les produits actuellement sur le marché. Deux études indépendantes le confirment : « **C'est fini!** » est maintenant sur le marché LA VRAIE MÉTHODE, la plus performante et la moins chère, en plus d'être 100% naturelle et de n'engendrer aucun effet secondaire ni créer de nouvelle dépendance à un produit pharmaceutique. Elle engendre que des effets secondaires positifs.

Abrégés du parcours de l'auteur et des collaborateurs

Remerciements :

La Dr France Paradis du Centre de Santé Publique de la région de Québec pour son apport particulier dans la correction et la révision du premier document.

Feu le Dr Jean Roy, Oncologue, qui fut le premier médecin à recommander officiellement la méthode auprès de la Société Québécoise du Cancer.

Aux précieux collaborateurs qui ont consacré leur temps et leur expertise à titre de coauteurs et d'expert en médecine ; pharmacie ; aspects sociaux de la santé, dont les noms apparaissent ci-dessous avec un curriculum en abrégé.

Abrégés des curriculums

Robert W. Talbot :

- Auteur, spécialiste en sciences du comportement, auteur-chercheur à l'origine de la méthode.
- Doctorat (1989) de l'Université de Rennes (France), Institut de Gestion de Rennes.
- Maîtrise, Université de Bloomington, Indiana, U.S.A.
- Maîtrise en éducation et deux baccalauréats (Québec).
- Brevet « A » d'enseignement (Québec).
- Attitré pendant 27 ans en milieu universitaire à titre de professeur (12 ans) et de consultant professionnel (15 ans) dans ses champs d'interventions mis à jour par des activités de perfectionnement et les exigences de la consultation dans les entreprises:

1. Sciences du comportement; psycho-cybernétique; conditionnement opérant;
2. Communication, New Management et Marketing social éthique;
3. Système Qualité, Équipes Supérieures de Travail et Évaluation à des fins d'amélioration des performances dans les entreprises de service;
4. Formations accréditées de « Formateurs »; « Animation-direction de groupes de travail »; « Coaching d'équipes de travail » et « Gestion des conflits »; New Management intégré au Lean Management « www.new-management.org ».

- Ex-fumeur de deux paquets de cigarettes par jour, auteur de la première méthode scientifique basée sur les sciences du comportement pour aider les gens à cesser de fumer, nommée « Cig-Arrête » (1974). Il publie « Nicosoft » dans les années 90. Il cède les droits d'utilisation à des actionnaires qui en convoitent tous les profits et qui deviennent les artisans de leur propre échec. Il reprend ses droits d'auteur et saisit l'opportunité pour finaliser sa recherche pendant plus de trois ans avec une équipe de spécialistes. Il en fait la méthode « **C'est fini!** » (2010), EFFICACE et sans effets secondaires négatifs.

Patrick Lespinasse :

- Pharmacien, ancien interne des hôpitaux de Paris.
- Docteur es Sciences en Pharmacologie (1984).
- Certificat d'Études supérieures en contrôle des médicaments (Faculté de Pharmacie de Paris V).
- Diplôme d'Études Pharmaceutiques Spécialisées en métabolisme des médicaments (Faculté de Pharmacie de Paris IX).
- Mastère de Management Médical (Institut Supérieur de Communication et de Management Médical et École Supérieure de Commerce de Paris).

- Diplôme Universitaire de Gestion des Risques (Faculté de Médecine d'Angers).
- Praticien hospitalier en Pharmacie depuis 1980, d'abord en tant que chef de service au Centre Hospitalier de Compiègne, jusqu'en 1984, puis en tant que praticien hospitalier au CHU de Dijon, jusqu'en 1990, enfin au CHI Eure Seine, site d'Evreux, en tant que chef de service de la Pharmacie. En 2007, devient praticien coordonnateur de la Qualité et de la Gestion des risques au CHI Eure Seine, poste qu'il occupe actuellement.
- Parallèlement à ces fonctions hospitalières, il occupe une charge d'enseignant associé (en tant que praticien), d'abord à la Faculté de Pharmacie de Dijon (de 1983 à 1990) puis à la Faculté de Pharmacie de Rouen (de 1992 à 2006). Il assure, de plus, de nombreux enseignements aux Instituts de Formation en Soins Infirmiers de Paris Saint Antoine, Dijon, Evreux ainsi que des cours aux élèves sages-femmes de Paris Saint Antoine et Evreux.
- Il a participé à la rédaction de plusieurs ouvrages dont :
  - « La maladie d'Alzheimer », O. GUARD, B.MICHEL Eds., MEDSI McGRAW-HILL
  - « Pharmacologie fondamentale », C. JACQUOT Ed., Ellipses
- Ancien Président et fondateur de l'Association des Pharmaciens de l'Oise, de la Picardie et de l'Aisne (APHOSA), il a été membre de plusieurs sociétés scientifiques :
  - Société Française de Pharmacie Clinique (SFPC)
  - Société Française d'Hémorhéologie Clinique (SFHC)
  - Groupe français de Circulation Cérébrale (GFCC)

Dr Pierre Delmotte :

- Impliqué dans la Formation, l'évaluation et l'enseignement depuis plus de 15 ans dans le secteur de la Santé, l'éducation à la Santé et le Management.
- Diplôme d'État de Docteur en Médecine, spécialiste en Gérontologie.

- Diplôme de Droit de l'Expertise Médico-légale.
- Certificat de Méthodologie d'Enseignement et de recherche médicale.
- Mastère spécialisé, Management Médical.
- Diplômé de l'École de commerce de Paris.
- Certificat de recherche en pédagogie, ISCMM (Institut Supérieur de Communication et Management Médical).
- Doctorat en Science de l'éduction de la Faculté AIX-MARSEILLE.
- Médecin habilité à l'évaluation des Pratiques Professionnelles.

Murielle Bauchet :

- Diplômée d'un DEA en économie, en 1989 à l'Université de Nice Sophia-Antipolis.
- Elle est depuis plus de 10 ans consultante et chargée d'enseignement à l'École des Hautes Études en Santé Publique à Rennes.
- En collaboration avec les enseignants chercheurs de l'école, mais également avec les professionnels de terrain, elle contribue, entre autres, à la conception et à la mise en œuvre de formations adaptées à un public large oeuvrant dans le système de santé, ce qui lui confère une place privilégiée dans l'appréhension du système et une prise directe avec les problématiques rencontrées par les différents acteurs.
- En 2000, elle étend son champ de compétences : Major d'un DESS de gestion et d'évaluation de projet à l'Université de Rennes I, elle s'est ouverte à l'accompagnement et à la réalisation d'évaluations de programmes de santé, de promotion et d'éducation pour la santé.

Dr Sylvie Grosjean Rasmusson :

- Ses centres d'intérêt sont principalement la recherche et l'évaluation des méthodes et soins naturels de prévention et de santé, la santé publique, la formation continue et la médecine intégrative.
- Doctorat en Médecine, spécialiste en Médecine Générale – Université de Bourgogne en 1992.

- Capacité d'Aide Médicale Urgente – Université de Bourgogne en 1995.
- DESS « *Information médicale en Santé* » – Université Nancy 2 en 2000.
- DIU de Pédagogie Médicale de l'Est – Université de Bourgogne en 2000.
- Mastère spécialisé en Management Médical – ESCP-Europe en 2003.
- Praticien de Santé Naturelle en 2005 (FENAHMAN - Paris).
- DIU CESAM : Certificat d'études statistiques appliquées à la médecine, mention : épidémiologie - UFR PARIS VI en 2009.
- PH : Praticien Hospitalier, Chef de Service en Santé Publique depuis 1998. Dans le cadre de ses fonctions hospitalières, elle enseigne aux infirmiers et cadres de santé de Bourgogne depuis plus de 20 ans.
- Vice-présidente de l'Association de Formation Médicale Continue de l'Auxois et membre du Comité d'Organisation du Printemps Médical de Bourgogne.
- Membre de la Société Française de Santé Publique, elle participe à la rédaction d'articles et à l'encadrement de travaux scientifiques.
- Selon elle, la méthode « **C'est fini!** » représente une innovation, sans effets secondaires et totalement naturelle pour toutes les personnes souhaitant cesser leur intoxication par le tabac, notamment pour les plus jeunes et les femmes enceintes, ce qui a motivé sa participation à la rédaction de ce livre.

Valérie Foussier :

- Endocrinologue diabétologue pour adultes et enfants à l'hôpital privé d'Antony (1992) et l'hôpital du Kremlin Bicêtre (1994), clinique Pasteur à Vitry (1994).
- DEA de physiopathologie cellulaire et moléculaire des maladies nutritionnelles en 1991.

- DES d'endocrinologie et métabolisme en 1992.
- Recherche sur l'hyperinsulinisme de l'enfant dans l'unité Inserm U30 à Necker 1992-94.
- Mastère spécialisé en Management Médical – ESCP-Europe en 2008.
- Vice-présidente de l'association D2S (défi par le Sport pour la santé).
- Membre de l'association AFEP, APEDYS.
- Plusieurs interventions dans les congrès, à la radio, à la télévision.
- Auteure de :
  - *Enfants précoces, Enfants hors norme*, éditions J. Lyons, Paris 2008
  - *Coaching diabète* (livre + DVD), éditions J. Lyons, Paris 2009
  - *Diabète et grossesse*, (coauteur Patrick Tubiana, gyneco obstétricien), éditions J. Lyons, Paris 2010
  - *Intérêt du e-learning en formation médicale*, éditions Je publie Paris 2008

Pierre Birkui :

- Médecin (Paris, 1968).
- Cardiologue (1980).
- Diplômes Inter-Université de Santé Publique (Paris XI et XII, 1981).
- Applications à la Biologie Médicale des Radioéléments Artificiels (Saclay, 1985), d'Université en IRM (Paris, 1992).
- Doctorat d'Université : « Approche expérimentale de la susceptibilité épicardique sous excitation transthoracique » (Paris, 1996).
- Mastère en Management Médical à l'ESCP : « Rôle et spécificité du marketing social. Exemple d'application : mise au point d'un outil audiovisuel, le C-Ditabac » (Paris, 1996).

- Interne des hôpitaux en 1964 au CH d'Orléans.
- Chercheur à l'INSERM dès 1967 au Laboratoire de Physiologie Appliquée à la Réanimation Cardiaque.
- Directeur Rémy SAUMONT, Hôpital Lariboisière à Paris, il devient praticien en prévention secondaire des maladies cardiovasculaires et en réadaptation cardiovasculaire à l'effort.
- Médecin-Assistant en cardiologie et médecin-réanimateur en USCI (Service du Pr Yves BOUVRAIN, Pr Robert SLAMA).
- Chargé de recherche (1ère classe) en 1994 à l'INSERM, U256, Directeur : Pierre PERRONEAU (Électrophysiologie cardiaque, Étude théorique de la propagation de la stimulation cardiaque) Hôpital Broussais, Paris.
- Chargé de mission à l'INSERM en 1995, il organise la gestion de projets en expertise collective au Service Commun INSERM N°15 (Directeur : Paul JANIAUD, Hôpital Henri Mondor, Créteil).
- En 1999, Directeur du Programme Recherche (Appel d'Offres, Accord-cadre) à l'ANAES (Agence Nationale d'Accréditation et d'Évaluation en Santé, Directeur général : Pr Yves MATILLON) et développe parallèlement la Démarche Qualité à l'INSERM, Unité 494 (Directeur : Pr Andrew TODD-POKROPEK, CHU Pitié-Salpêtrière).
- En parallèle, il devient Secrétaire général, dès sa création en 1991, de l'association Paris Sans Tabac (PST : Formation de formateurs, mise en place de la Charte Ecole Sans Tabac, participation à la création de CD-Rom et CD interactif, enquête annuelle épidémiologique en établissements scolaires parisiens, Interventions en établissements scolaires et en universités), et, dès 1998, ouvre le premier Centre DASES de Dépistage Anonyme et Gratuit Parisien du SIDA avec une activité en counselling.
- Ex-fumeur quand les polycopiés de physiologie ne comportaient aucune mention de la nocivité du fait de fumer, et que les cigarettes étaient distribuées en fin de semaine aux appelés au service militaire, son désir de prévention s'est nourri des

expériences acquises sur le terrain comme tabacologue (dès 1967, en Dynamique de groupe au centre DASES Omer Talon, Paris) et comme cardiologue, élargies au plan européen en participant avec Dr Manel NEBOT (Centre de Salut Publique à Barcelone) aux enquêtes menées sur le tabagisme passif en coordination avec d'autres pays européens.

- Les sujets attirés par le tabac et ses dérivés ont des motifs divers qui peuvent être influencés par des différences de culture, d'éducation, de systèmes de santé et d'environnement selon les pays. Néanmoins, la société actuelle est de plus en plus marquée par l'appel de diverses expériences, dont celle de la cigarette menant, surtout si commencée dès le jeune âge, vers l'addiction au tabac et à ses dérivés. Aussi, toute méthode inoffensive qui tend à arrêter l'usage du tabac définitivement est appréciable car elle permet d'éviter de s'engouffrer vers une hyperconsommation du tabac ou vers une polyconsommation de ses dérivés (chicha, cannabis) ou d'autres drogues.

Christian Pradier :

- Professeur des Universités – Praticien Hospitalier (PU-PH), Santé Publique (CHU de Nice).
- Chef de Service du Département de Santé Publique (CHU de Nice).
- Habilitation à diriger des recherches (Université de Nice).
- DEA de Santé Publique (Option Epidémiologie) (Université de Paris-Sud).
- DESC de Pathologie Infectieuse et Tropicale (Université de Poitiers).
- DES Santé Publique (Université de Poitiers).
- Doctorat en Médecine (Université de Poitiers).
- Maîtrise d'Epidémiologie, Statistiques et Informatique (Université de Paris-Sud).

- Diplôme Universitaire d'Antibiothérapie Clinique.
- Coordonnateur de l'Axe 5 du Cancéropôle PACA (Epidémiologie et Sciences Sociales), département des Alpes-Maritimes;
- Membre de l'Action Coordonnée n°7 de l'ANRS (Cohortes, Responsable : D. Costagliola).
- Membre du Comité de Pilotage du Projet Data collection on Adverse events of antiHIV Drugs (DAD) et coordonnateur du projet pour le CHU de Nice (Agence Européenne du Médicament [EMEA].
- Chef de Projet : JD Lundgren, Copenhague, Danemark). En cours.
- Membre du Bureau de la Délégation à la Recherche Clinique (Pr JP Ortonne) et de la Commission d'Expertise de la Délégation à la Recherche Clinique (Pr Fénichel) du CHU de Nice.
- Coordinateur de la cohorte EuroSIDA (Communauté Européenne [BIOMED 1 et 2].
- Chef de projet : J.D. Lundgren, Copenhague, Danemark) pour le CHU de Nice.
- Membre du Conseil Scientifique et du Groupe d'Etudes Cliniques de la Base Hospitalière Française de l'infection à VIH (DMI-2, INSERM SC4, Directeur : D. Costagliola), Paris.
- Membre de l'Unité INSERM U379 (Directeur : JP MOATTI), Marseille.
- Auteur et coauteur de plusieurs publications scientifiques (revues avec comité de lecture).

Notes personnelles

Notes personnelles

Notes personnelles

Notes personnelles

MARQUIS
Marquis imprimeur inc.
Québec, Canada
2010

NON MERCI

NON MERCI

JOUR 21

« C'est fini ! »

Je cesserai de fumer le :

____________ écrire la DATE.

1 2 3

JOUR 20

« C'est fini ! »

Je prépare le « Jour 0 » :
victoire sur moi-même.

1 2 3

JOUR 19

« C'est fini ! »

Pensée réaliste positive :
moyens pour réussir.

1 2 3

JOUR 18

« C'est fini ! »

Je suis décidé à réussir.
Cette fois sera la bonne.

1 2 3

JOUR 17

« C'est fini ! »

Je vais cesser de fumer le ________
Je prépare mon subconscient

1 2 3

JOUR 16

« C'est fini ! »

Je suis convaincu que je vais arrêter
par moi-même et pour moi-même.

1 2 3

JOUR 15

« C'est fini ! »

Durant les prochaines semaines,
mon estime personnelle va
sûrement augmenter.

1 2 3

JOUR 14

« C'est fini ! »

Je vais obtenir
une victoire sur moi-même.

1 2 3

JOUR 13

« C'est fini ! »

Je me vois déjà
comme non-fumeur.

1 2 3

JOUR 12

« C'est fini ! »

Je me réjouis intérieurement
d'avoir décidé de cesser de fumer.

1 2 3

JOUR 11

« C'est fini ! »

Il n'y a aucun doute
dans mon esprit que j'ai pris
la bonne décision.

1 2 3

JOUR 10

« C'est fini ! »

Je me vois déjà quand
je vais commencer à vraiment
tirer profit de ma décision.

1 2 3

JOUR 9

« C'est fini ! »

Je fais face à un grand ennemi.
Cette fois, je vais gagner.

1 2 3

JOUR 8

« C'est fini ! »

Je me réjouis du jour où je vais
bénéficier de ma décision.

1 2 3

JOUR 7

« C'est fini ! »

Je vais cesser de fumer en
surmontant les difficultés
une à une, un jour à la fois.

1 2 3

JOUR 6

« C'est fini ! »

Je me réjouis du jour où je vais
bénéficier de ma décision.

1 2 3

JOUR 5

« C'est fini ! »

Durant les prochaines semaines,
mon estime personnelle va
sûrement augmenter.

1 2 3

JOUR 4

« C'est fini ! »

Je vois les avantages à
cesser de fumer.

1 2 3

JOUR 3

« C'est fini ! »

Je vais vivre bien dans
cette décision.

1 2 3

JOUR 2

« C'est fini ! »

Je suis prêt! Je vais réussir
parce que je le veux vraiment.

1 2 3

JOUR 1

« C'est fini ! »

À minuit ce soir, je vais être
LIBÉRÉ!

1 2 3

Aujourd'hui

JOUR A

Fier d'avoir pris cette décision.
Je vais la vivre un jour à la fois.

1 2 3 SUCCÈS

Aujourd'hui

JOUR B

Cette journée passée, le pire est
passé. Je sais que je peux réussir.

1 2 3 SUCCÈS

Aujourd'hui

JOUR C

Tout devient réalisable lorsque
je prends la vie au jour le jour.

1 2 3 SUCCÈS

Aujourd'hui

JOUR D

Ça fait déjà trois jours!
Je suis sur la voie de la réussite.

1 2 3 SUCCÈS

Aujourd'hui

JOUR E

Excellent! Je me sens bien
dans ma décision. La nourriture
a meilleur goût.

1 2 3 SUCCÈS

Aujourd'hui

JOUR F

Mon haleine s'améliore.
Je me sens mieux.

1 2 3 SUCCÈS

Aujourd'hui

JOUR G

Mon odorat s'améliore.

1 2 3 SUCCÈS

Aujourd'hui

JOUR H

La nourriture goûte
toujours meilleure.
Je fais attention aux excès.

1 2 3 SUCCÈS

Aujourd'hui

JOUR I

Envie de manger entre les repas?
Aliments-santé : crudités.

1 2 3 SUCCÈS

Aujourd'hui

JOUR J

Je libère mes émotions calmement.
Je libère mes tensions.

1 2 3 SUCCÈS

Aujourd'hui

JOUR K

J'applique les techniques
de relaxation.

1 2 3 SUCCÈS

Aujourd'hui

JOUR L

J'ai laissé derrière moi les mauvaises
habitudes et je m'en réjouis.

1 2 3 SUCCÈS

Aujourd'hui

JOUR M

C'est une victoire sur moi-même.

1 2 3 SUCCÈS

Aujourd'hui

JOUR N

Je suis fier de mes progrès. Je peux
maintenant le faire savoir aux autres.

1 2 3 SUCCÈS

Aujourd'hui

JOUR O

Même dans les moments
les plus difficiles, je suis
en contrôle sur moi-même.

1 2 3 SUCCÈS

Aujourd'hui

JOUR P

Mes économies commencent à devenir intéressantes.

1 2 3 SUCCÈS

Aujourd'hui

JOUR Q

Quel beau sentiment de LIBERTÉ!

1 2 3 SUCCÈS

Aujourd'hui

JOUR R

Je suis fier de moi. Je me félicite de la décision que j'ai prise.

1 2 3 SUCCÈS

Aujourd'hui

JOUR S

C'est MON succès. J'ai choisi le bon « outil ».

1 2 3 SUCCÈS

Aujourd'hui

JOUR T

Aujourd'hui, je continue le soutien avec les « Saviez-vous que ».

1 2 3 SUCCÈS

Aujourd'hui

JOUR U

Nous sommes fiers de VOTRE SUCCÈS. FÉLICITATIONS!

1 2 3 SUCCÈS